Julián Peragón

Estar en el mundo

La necesidad de la meditación

editorial Kairós

© 2021 Julián Peragón
© de la edición en castellano:
2021 Editorial Kairós, S.A.
www.editorialkairos.com

Fotocomposición: Florence Carreté
Revisión: Alicia Conde
Diseño cubierta: Katrien Van Steen
Imagen cubierta: Darius Turek
Impresión y encuadernación: Romanyà-Valls. 08786 Capellades

Primera edición: Noviembre 2021
ISBN: 978-84-9988-957-3
Depósito legal: B 15.698-2021

Este libro ha sido impreso con papel certificado FSC, proviene de fuentes
respetuosas con la sociedad y el medio ambiente y cuenta con los
requisitos necesarios para ser considerado un «libro amigo de los bosques».

A Shen,

Luz, corazón y esperanza

Sumario

1. La necesidad de la meditación

Tengo en mi biblioteca una buena cantidad de libros de espiritualidad y meditación de las grandes tradiciones de todos los tiempos. No dejo de asombrarme ante la claridad y profundidad que mostraron tantos sabios de la antigüedad y el regalo que significa su legado a través de brillantes libros. Celebro que hayan podido sobrevivir y estar al alcance en las librerías para cualquier persona interesada. Son faros para no perdernos demasiado en la noche de nuestra desesperanza y merecen todo nuestro respeto.

Sin embargo, como antropólogo me doy cuenta de que muchos textos vienen con una carga cultural, religiosa e ideológica que puede emborronar la misma ciencia de la meditación que queremos comprender. Y, hasta cierto punto, es algo totalmente natural, ya que cada uno, por muy sabio que sea, escribe desde su tiempo y su cultura. De tal manera que para entender bien dichos textos tenemos que bucear antes en la tradición y en la cultura de donde procedieron.

El problema no está, a mi entender, en origen, sino en destino. La *Bhagavad Gita*, por poner un ejemplo, es perfecta en esencia, pero necesita de comentaristas hábiles para traducir una enseñanza a nuestra realidad actual porque, cuando nos sumergimos en sus estrofas, no sabemos bien si se está haciendo una apología de la guerra santa o simplemente se azuza una guerra moral interna.

Laicidad

La tradición contemplativa, tanto en Oriente como en Occidente, se desarrolló en espacios más o menos cerrados. Monasterios, *ashrams*, lamaserías, *dojos*, entre otros, eran (son) centros de desarrollo espiritual, pero también organizaciones con poder religioso y social. Sus enseñanzas se dirigían específicamente a los iniciados en un lenguaje a veces culto y simbólico, y otras, ambiguo y esotérico. Textos, sin duda, restringidos al pueblo llano y llenos de protecciones para evitar cualquier mirada indiscreta. Si la tradición espiritual, como por ejemplo el *Tantra*, no pertenecía a la ortodoxia era marginada o incluso perseguida. Por esta razón nos encontraremos además con textos mucho más oscuros y parcializados que en otras tradiciones. Añadir que estos pocos textos que podemos haber leído son solo la punta de un iceberg de la enorme tradición espiritual que se transmitía de forma oral y que, con el paso de los siglos y con el mestizaje de otras tradiciones, se ha ido diversificando y, lamentablemente, perdiéndose en el olvido.

La vía del monje era una apuesta vital noble, valiente, austera, esforzada y llena de sacrificios. La mayoría de las veces no había elección, era la clausura o la vida simple escasa de medios. Con todo, los tiempos han cambiado, y mucho. Asistimos hoy en día a un despertar masivo fruto de una mayor educación de la población, de un cierto bienestar material y tecnológico, al menos en nuestras sociedades, y de una apertura extraordinaria de los conocimientos que antaño estaban ocultos, aunque con el riesgo, nada desdeñable, de su banalización. El equilibrio del monje radicaba en la sustracción de todo aquello que podía resultar conflictivo. Comunidades religiosas donde no existían las posesiones, conviviendo únicamente con las personas del mismo sexo, sin diferencias sociales y bajo una disciplina férrea. Nosotros, en cambio, vivimos sumergidos en el mundanal ruido. El tiempo del monje era dilatado, el nuestro escaso; su vida simple, la nuestra compleja; su objetivo único, el nuestro diverso.

Me temo que, hoy en día, el envite de la realidad se da en la arena de lo cotidiano. Ciertamente, la cotidianidad tiene un aspecto disfuncional y aplastante que nos reduce, demasiadas veces, a lo mundano, pero el reto, como insinuaba, consiste en vivir la realidad del mundo como oportunidad de trascendencia. Lo sagrado ha dejado de estar solamente en el templo, forma parte intrínseca de la vida y engloba, como veremos, nuestro cuerpo, mente y espíritu. En este sentido, es necesaria, a mi parecer, prácticas espirituales como las meditaciones enfocadas a nuestra realidad. Meditaciones laicas que no tengan que estar sostenidas por una estructura jerárquica y que dibujen un recorrido claro con unas técnicas simples, sin protocolos o liturgias complejas o complicadas.

Sobriedad

El tiempo que vivimos se acelera. A la vida moderna (o, mejor dicho, postmoderna), que intenta abarcarlo todo, y todo ahora, le falta oxígeno. Vamos, por así decir, con la lengua fuera, y necesitamos un mayor espacio de quietud para reposar esta vida que llevamos a cuestas. Nos vamos dando cuenta, por momentos, de que la hipercomplejidad en la que nos hemos enredado necesita una respuesta. La sobriedad es uno de estos caminos alternativos, sin embargo, no se consigue meramente restando cosas o quitando actividades, requiere, más que nunca, discernimiento para no empobrecer nuestra vida, para no restarle belleza, armonía y profundidad. La meditación puede ser la clave, pero hay que integrarla en nuestra agenda hipertrofiada. Sí, tenemos un problema de tiempo que no podemos evadir. Necesitamos, por tanto, ir a lo esencial.

Adaptación

La posibilidad de meditar en grupo ayuda a reforzar nuestro interés y a sentirse apoyado, pero, evidentemente, la meditación es una propuesta radical que se gestiona desde la misma individualidad. La práctica debería ser personal por la sencilla razón de que el punto de partida de cada uno es diferente.

La duración de la práctica, la intensidad, la postura adoptada y las técnicas tienen que adaptarse a la veteranía en la meditación, a la edad o a la condición física. Pero más allá de lo técnico, la meditación se tiene que ajustar a las expectativas, a las necesidades y a las capacidades de cada uno. Una persona vital, una emocional y otra mental tal vez utilicen enfoques diferentes, aunque lleguen al mismo punto. Caminos distintos, pero complementarios para captar lo inefable.

Se vuelve de sentido común plantear una meditación que sea suficientemente flexible, sin perder por ello la coherencia interna, para que cada uno incida en aquello que más le cuesta para seguir con fluidez lo que emana de su naturaleza.

Integración

Hay quien piensa que el Yoga se hace prácticamente con el cuerpo y la meditación solo con la mente. Lamentablemente, la divulgación ha cristalizado unos estereotipos insidiosos, pero en realidad el corazón del Yoga es meditativo. Cuando nos sentamos a meditar lo hacemos en una postura (*asana*), respirando plácida y conscientemente (*pranayama*) y cultivando una mayor concentración (*dharana*). Independientemente de si hacemos Yoga, lo importante es que meditamos con la integridad de nuestro Ser, y ello conlleva la armonización del cuerpo y de la mente para dar un salto hacia el espíritu. El Yoga, y otras técnicas afines, nos enseñan a preparar la postura meditativa para estabilizar la quietud y el equilibrio postural, y a compensarla para quitarle el exceso de tensión al estar largo rato en una misma postura.

Los estiramientos desbloquean el diafragma y los ejercicios de respiración ralentizan la mente.

La meditación nos enseña, desde esta perspectiva, que todo es real, o al menos que tiene su realidad. Meditamos con el cuerpo, atendemos con la mente, nos elevamos con el espíritu, pero no son tres realidades distintas, sino una misma nota que suena y resuena en diferentes octavas. La sacralidad de la que hablábamos integra dentro y fuera, cuerpo y espíritu, objeto y sujeto. Meditar, ante todo, es volver silenciosas las fronteras que nos separan.

Inteligible

Como occidentales, aprendemos metiendo la cuchara de la razón en la sopa de la realidad, aunque, a veces, salgamos escaldados. Pero es nuestra forma de aprender; nosotros aprendemos preguntándonos por qué hacemos lo que hacemos. No podemos esperar demasiado a que la experiencia, por sí misma, encienda la luz de nuestra comprensión. Por eso, buscamos un atajo.

Nuestra intención es que la meditación sea inteligente, que sea progresiva, que nos acerque a lo esencial paso a paso, etapa tras etapa. Si entendemos lo que estamos haciendo, nuestra inteligencia arrimará el hombro y conjuntamente podemos dar pasos agigantados. Hay que confiar en el proceso porque ha dado grandes y sabrosos frutos a lo largo de la historia, pero la confianza no puede ser ciega. De la misma manera que preguntamos al arquitecto que nos diseña nuestra casa la utilidad de cada estancia, de cada ventana y de cada columna, merecemos la posibilidad de preguntar a nuestros guías de meditación el porqué de cada gesto, de cada postración o de cada invocación. Tenemos derecho a obtener respuestas, aunque algunas de ellas se aclaren con el tiempo y la experiencia.

Espejo

Si tuviera que ser esencialista en esta introducción, diría que «esto» va de observar. Observar sin distracciones la vida que nos atraviesa porque esta vida es la vida real, la que termina decidiendo en nuestros actos y la que configura, a la postre, nuestros aciertos y errores. En otras palabras, lo que acentúa o amortigua nuestro sufrimiento. Sin embargo, somos muy torpes observando nuestro interior, como se suele decir, vemos muy bien la paja en el ojo ajeno..., pero muy mal las motivaciones que nos habitan. No importa, podemos asomarnos al ventanal de la meditación hasta darnos cuenta de que lo que vemos fuera tiene una familiaridad con lo que hay dentro. Difícilmente salimos de nuestra subjetividad, pues la realidad que nos envuelve está proyectada desde un foco interior. Pero el camino más directo no es el ventanal, sino el espejo. Las técnicas de meditación hacen de luna donde mirarnos. Y, ya sabemos, el espejo solo refleja lo que hay en este momento, resalta la vida real y no tanto la vida inventada, nos obliga a cambiar de perspectiva para poder entendernos.

Presencia

Seguramente estaremos de acuerdo en que para que un mapa sea útil necesitamos saber el punto exacto del territorio donde nos encontramos. Aterrizar en la realidad de este momento puede resultar duro, pues tenemos que dejar a un lado romanticismos, idealizaciones o creencias, pero es la única manera de empezar a caminar por el sendero real. A partir de aquí, no importa tanto las diferentes técnicas que vamos a utilizar o, siguiendo la metáfora, los senderos que atravesaremos. Lo importante es saber cuál es nuestro destino. A menudo creemos conocer nuestro propósito de vida, sin embargo, con el tiempo, el destino viene a nuestro encuentro y, entonces, o bien bendice nuestra intuición profunda, o bien puede que lo desbarate todo.

Más de uno, en su egoicidad, quisiera llegar a su destino siendo otro habitando un mundo distinto, un nuevo yo remozado en un mundo feliz, pero afortunadamente la meditación nos ayuda a desenredar la madeja neurótica para empezar a aceptarnos como somos. Me aventuraría a afirmar que la mayoría de las tradiciones meditativas, sino todas, buscan lo mismo, aunque de diferente manera, como es obvio. No hay mayor tesoro que descansar en la presencia siendo lo que uno es. Porque la presencia significa, ni más ni menos, estar de forma íntegra aquí y ahora, integrando dos infinitudes, la interna y la externa, que no son más que una misma Totalidad. La presencia está aquí mismo, es evidente, pero como veremos a lo largo del libro, nos podemos sentir amenazados por ella y la eludimos.

Palabras

Soy un enamorado de la capacidad lingüística del ser humano, y no me deja de asombrar la multitud de significados alternativos que convocan algunas palabras. Basta con dejar caer palabras como *democracia, evolución* o *Dios* para que se agiten, entre el círculo de personas congregados, pasiones y odios, fantasías y desilusiones. Las palabras, al igual que las acciones, dependen del contexto en el que se encuentran, pero también de la intención con las que son expresadas. El lenguaje, sedimentado por los siglos y sesgado por las ideologías al uso, requiere de una gran habilidad para no deformar precisamente la realidad que quiere alumbrar.

Soy prudente antes de escribir la palabra meditación y me vuelvo consciente de la dificultad, de entrada, de acogerla de forma neutra. Una palabra que, según sea dicha por un oriental o un occidental, una persona joven o mayor, un cristiano, un budista o un laico, puede significar cosas diferentes, incluso contrapuestas. Pero, como todos sabemos, las palabras tienen que ser leídas dentro de un contexto mayor y nos invitan a bucear en las intenciones que estas arrastran para darnos una idea, aunque somera, de lo que significan. En el mejor de los casos, cuando las palabras surgen sin demasiadas rigideces, se convierten en señales que iluminan el camino. Son como el dedo que señala el bosque sin pretender abarcar lo inconmensurable de este. Palabras que se convierten en una invitación a entrar en ese bosque insondable para experimentarlo.

Desnudez

La meditación que aquí propongo es exactamente eso, una llamada a la experimentación. Una experiencia que requiere una desnudez de toda sobrecarga ideológica para entrar en ese bosque meditativo sin expectativas, sin miedos y, evidentemente, sin juicios previos.

El espacio meditativo está más allá de lo conceptual, pues no requiere pensarlo, sino vivirlo, de la misma manera que una exquisita comida no está para hacer dietética, sino para degustarla. En este sentido, las palabras en este libro no son para establecer un método más de meditación o establecer una estructura fija e inmóvil, están para desmitificarla, cuestionarla o simplificarla, y para, si es posible, quedarnos delante de lo esencial. Abocarnos, en el mejor de los casos, a una luz serena en la conciencia, en la confianza de que esta alberga todo el cromatismo de colores que cada uno podrá utilizar según su propia naturaleza y sus peculiares necesidades.

Se vuelve necesario, desde mi humilde visión, un espacio meditativo suficientemente flexible para que se adapte a una mayoría de personas que anhelan un cambio personal y colectivo en estos tiempos de crisis. Es urgente encontrar un espacio donde anide la sencillez y no la complejidad de un protocolo, la horizontalidad y no la estructura jerárquica, la espiritualidad y no la carga dogmática, la solidaridad y no el solipsismo dentro de algo tan entrañable, pero a la vez tan noble, como es el acto de meditar.

La meditación habla de lo íntimo y subjetivo. Y no creo que podamos sentar cátedra de la misma manera que sentenciamos acerca de la biología o de la astronomía. La meditación no es un método mensurable, sino experimental; no tiene un corolario de leyes, sino un conjunto de símbolos; en definitiva, no es una ciencia objetiva, sino un arte.

Propuesta

Este libro va de todo esto y de nada en particular. Está escrito en un tono intimista porque he querido partir de mi propia experiencia en la meditación hasta donde he podido. Está cargado de simbolismo porque he aprendido, con los años, la fuerza evocativa que tienen los símbolos, que no es nada despreciable. En verdad, no todos podemos seguir la abstracción pura sin confundirnos. El lenguaje sencillo, sin perder por ello profundidad puede clarificar algunas lagunas que permanecían en la penumbra y dar voz a lo que nuestra experiencia misma nos dicta a la hora de sentarnos en meditación.

Dejo para otra publicación un enfoque más técnico de la meditación y remito a un libro anterior (Meditación Síntesis) para la comprensión de una estructura más ordenada etapa por etapa, con sus respectivos obstáculos, técnicas y retos. He querido en estas páginas enfocar algunos temas que me parecen importantes cuando abordamos la meditación desde la importancia de la postura y de la respiración hasta la distinción sutil entre pensamiento e intuición. Pero, sobre todo, mi interés ha sido recordar que somos seres espirituales y que, para ello, no necesitamos seguir ninguna religión o aceptar ningún dogma. Hay espacio para vivir otra espiritualidad desde nuestra sensibilidad y hacerla más fluida y creativa. Si nos hemos de poner de acuerdo los seres humanos en estos momentos de crisis no será nunca por seguir unas mismas técnicas, doctrinas similares o ideologías de un mismo signo, sino por nuestra calidad como personas, por la nobleza de nuestro corazón y por la compasión delante del sufrimiento ajeno.

La invitación a la meditación es lo más noble que puedo proponer.

2. La oportunidad de las crisis

Para empezar podría decir algo evidente: soy un apasionado de la meditación. Y algo que no es tan evidente: llevo un buen tiempo en crisis. Pareciera una antinomia, pero estoy seguro de que no lo es; la meditación, tarde o temprano, nos sumerge en una crisis porque asistimos con ella a un derrumbamiento interno. Caen, casi podríamos decir por su propio peso, apenas con un empujón consciente, murallas de certezas y castillos de creencias, se deshacen valores que nos parecían sempiternos y se agrieta la visión de una realidad fija y estable. De entrada, lo que alumbra ese desmoronamiento no es para nada halagüeño: aprender a vivir con las incertidumbres y sacar fuerza de las inseguridades.

Medito cada día y, a menudo, no sé si me sumerjo todavía más en las profundidades de dicha crisis o si, habiendo tocado fondo, lo que me espera es la esperanzadora luz al final del túnel. Al hombre viejo que va cayendo en mí no le queda otra que vivir en la impermanencia. Medito, por tanto, para acostumbrarme a ello.

Todos aprendemos a caminar cayéndonos y me temo que las crisis periódicas forman parte de nuestro ADN biológico y cultural. Avanzamos cuando lo anterior queda obsoleto, cuando las viejas respuestas ya no responden a los nuevos interrogantes o el orden establecido no puede contener el incipiente caos. Progresamos no porque queramos de veras, sino porque las crisis nos ponen al borde del abismo. Un nubarrón aparece de repente por el horizonte y nos obliga a cambiar de planes o una enfermedad grave nos fuerza a replantearnos nuestra forma de vida. Las crisis son una especie de eclipse que, aunque limitado en el tiempo, cubre la luz de ese sol interno, emocional, racional o intuitivo, y termina por dejarnos a oscuras. En esa oscuridad que toda crisis proyecta, debemos echar mano de otros recursos para nuestro equilibrio vital. Las viejas estrategias ya no funcionan, las soluciones archisabidas flaquean y las decisiones desesperadas son como una tómbola, no vemos claro cómo superar la encrucijada en la que estamos paralizados.

En todo caso, las crisis tiran abajo nuestras torres de seguridades y, en las ruinas que quedan, se abren múltiples posibilidades que previamente eran insospechadas. Ascendemos por la escalera de nuestras vidas cuando el peldaño en el que nos apoyábamos empieza a resquebrajarse o cuando, desde su altura, queda oculto el bosque al que deseamos ir. El anhelo de trascendencia empuja desde el fondo de lo que somos, y no vemos otra posibilidad que la de subir algún peldaño más, aunque nos sobrevenga el vértigo. Una visión caduca de la realidad da pie a una nueva o, para ser más exactos, a una zona intermedia de reestructuración y de búsqueda.

En la salud encontramos una buena metáfora de la naturaleza de las crisis. Nos ponemos enfermos y nuestro mundo social claudica por no tener energía suficiente para sostener nuestras actividades sociales o nuestra labor profesional, y a menudo hacemos una interpretación errónea de lo que nos sucede. Estigmatizamos la enfermedad como negativa y arremetemos contra los síntomas que nos sacan de nuestro confort y nos llevan al malestar, al dolor o a la misma incertidumbre de perder nuestra vida, cuando en realidad los síntomas son el lenguaje corporal que utiliza nuestra alma para decirnos algo esencial. Pero la enfermedad, aguda y puntual, no es más que un esfuerzo adaptativo de nuestro organismo por encontrar un estado mejorado a través de la purificación, ya sea fiebre, diarrea o inapetencia, por citar algunos síntomas.

Todos hemos sentido que después de las tormentas se respira mejor, y algo parecido nos pasa cuando superamos las crisis: nos encontramos con la energía renovada, pero, claro, previamente hemos tenido que atravesar el vendaval desestructurador. Sin embargo, es cierto que no todos tenemos la misma capacidad de resiliencia para afrontar nuevos cambios y, muy a menudo, las crisis nos hacen sucumbir, ejemplo de ello son las miles de empresas que no se adaptan a los nuevos retos o los millones de personas que encajan enfermedades crónicas con mal pronóstico. Vivimos mal la ambigüedad de una situación crítica o la incertidumbre de lo que está por suceder. Una crisis es un tránsito, pero un tránsito necesario para llegar a alguna parte.

Sombra

Ingenuamente, cuando te sientas a meditar, crees que estás al mando de la situación, pues tú eres el que decides sentarte, cerrar los ojos, concentrarte en la respiración e ir hacia dentro. Pero esta ilusión de control se esfuma con rapidez. Te estableces en la inmovilidad y algo en tu cuerpo comienza a incomodarse, te centras en la respiración y aparecen multitud de sensaciones variopintas, o buscas la quietud de la mente y de repente los pensamientos peregrinos se disparan con rapidez. ¿Por qué tenemos tan poco control sobre nuestro estado interior?

El ermitaño que habita en mí también sufre esta ilusión. Te retiras de la ciudad y de la mayoría de las interacciones sociales para intensificar una práctica de contemplación y estudio para darte cuenta, al poco tiempo, de que la ascesis que promete un cielo luminoso no aguanta por mucho tiempo la corrosión que ejerce el carácter con sus deseos insatisfechos, con sus incoherencias de vida y sus ficciones de amor. El mundo te persigue allí donde vayas con toda su contundencia.

En la soledad se ve claramente esto que digo, te encuentras con tu orden y tu desorden, con tu paciencia e impaciencia, con tu creatividad, pero también con tus manías. No hay nadie a quien echar las culpas, ni nadie con quien consultar o discutir, estás solo ante tu reflejo. Solo hay un eco subjetivo que reverbera insistentemente. Decides lo que comes y cuándo lo comes, lo que compras y lo que desechas. Creas un universo personal y parece que estás al mando, hasta que entra en acción la sombra, una invitada que siempre va contigo y que se presenta como el trasfondo de nuestro carácter que tiene sus propias motivaciones y que guarda celosamente las impresiones condicionadas de nuestras vivencias. La sombra, de la que hablaremos más adelante, es el oponente, la resistencia a nuestra voluntad por muy bienintencionada que esta sea. Vivir en soledad es vérselas con lo desconocido de nosotros mismos, una opacidad inoportuna y cuestionadora, tentadora y saboteadora, sibilina y desgarradora. En estas, la percepción de la sombra es la oportunidad de caer en la cuenta de que somos seres limitados con escaso control sobre lo que vivimos.

Afortunadamente, la soledad con su acicate, el silencio, nos empuja a la meditación. Nos pone frente al pensamiento y su naturaleza. A un lado, el concepto que clasifica y ordena, que define y corrige, al otro lado, la nada, sin agarraderos ni flotadores. Solo vibración, silencio o presencia y, a veces, el desespero de no saber qué hacer con ello ni cómo digerirlo. En un lado, encontramos el parloteo mental, conocido pero insidioso; al otro lado, el vacío, desconocido pero abrumador. No todo son flores en la meditación.

No importa cómo meditamos, si lo hacemos sentados en casa o en medio del bosque, paseando o en las actividades cotidianas; el caso es que la práctica configura, poco a poco, una rutina que va calando. Meditar es una forma de hacerse preguntas sin palabras: ¿Esto tiene sentido? ¿Soy alguien? ¿Hay algún propósito de vida? ¿Es real lo que vivo? Seguramente no se formulan así de claro, se formulan a regañadientes al tragar saliva, al soportar el dolor de la espalda, en la incomodidad de la postura, en medio del aburrimiento o tras el desvarío de las fantasías. El cuestionamiento en la meditación viene de la mano de los obstáculos, arremetiendo contra el vértigo a la disolución de la identidad conocida.

Nos las vemos con la agitación, con el dolor, con la dispersión, pero también con la negatividad, con la duda, el aburrimiento o el sopor. Según el día, te entretienes en tu fantasía, haces una travesía increíble por cordilleras nevadas, otras arreglas el mundo maltrecho con tus superpoderes, aunque, la mayoría de las veces, te quedas dando vueltas y vueltas a tus preocupaciones.

Hay días luminosos en el cielo meditativo, sin duda, pero también hay temporales que arremeten con fuerza y que lo ponen todo patas arriba. Hay crisis pasajeras que pasan como una tormenta de verano, y otras que detonan a gran profundidad. Para mí, la más dura tiene que ver con el temor a quedarse a mitad de camino y, por tanto, el dolor insufrible de la frustración. Porque en el camino espiritual también existe la ilusión de haber alcanzado una cierta altura de superación personal, salpicada por el miedo de caer en la cuenta de que estamos estancados, hace tiempo, en el mismo punto. El mayor temor, a mi modo de ver, es caer en una regresión que te haga tirar la toalla y abandonarlo todo, ya sea por cansancio, desilusión o cobardía. Tiene que ser insoportable no ir más allá de lo conocido o no conquistar la intensidad adecuada porque duele menos transitar por lo fácil y seguro.

Todos creemos que nos conocemos bien y que podríamos describir nuestro carácter y personalidad con puntos y comas, y hablar detalladamente de los miedos, las inseguridades y las amarguras que nos atraviesan. Sin embargo, eso que cada uno cree conocer de sí no está tanto en la sombra, sino en la claridad de una imagen que tenemos de nosotros mismos. Describimos lo que vemos en el espejo sin darnos cuenta de que hay un revés que no vemos, y así no podemos resolver del todo la incógnita vital, porque hay un término que no aparece casi nunca en la ecuación. No queda otra que darse la vuelta para ver la sombra que proyectamos. Precisamente la meditación es eso, un girarse sobre sí mismo para reconocer lo que nos habita desde las profundidades de lo que somos.

La meditación, sin pretenderlo, nos aboca a un campo de batalla entre lo que aceptamos y lo que rechazamos, y luchan en ese interregno *lo que creo ser, lo que debería ser y lo que realmente soy*. Tal vez por eso, en esta contienda, la sombra asusta tanto, porque acecha como el lobo en la oscuridad y deja caer su zarpa en el momento más insospechado. La sombra es la antimateria del yo, y tiene en su seno todo lo que este ha ocultado inconscientemente bajo la alfombra del olvido, detrás del muro de lo prohibido y dentro del pozo oscuro del deseo. No es de extrañar que el yo, el pequeño yo, tiemble ante la amenaza, casi siempre fantasmática, de la sombra que proyecta.

Al meditar me digo que creo conocerme, pero enseguida sonrío al darme cuenta de lo ingenuo que puedo llegar a ser, pues la meditación nos abre a un mundo insondable y desconocido que paradójicamente nos atrae y nos da miedo. Para encontrar la sombra, hemos de penetrar en la herida, en lo que de verdad duele, aunque con el tiempo lo hayamos amordazado o sepultado bajo capas de bienintencionadas razones, pero las heridas, como recordaba el gran místico Rumi, «es el lugar a través del cual entra la luz».

Planeta

A menudo parezco un funambulista que solo tiene dos lugares en los que caer si llega el caso: en el abismo personal que acabo de nombrar o en el precipicio social, complejo y caótico. Mi crisis interna no es ajena a lo que me rodea, y ambos representan dos espacios insondables que, por momentos, se dan la mano e incluso se retroalimentan.

De las crisis que parecen avanzar como jinetes apocalípticos, hoy en día, la que más me desgarra es la ecológica, y no tanto por mí, sino por los que heredarán este mundo ya demasiado caliente y polucionado. No me imagino vivir en una tierra herida de muerte, con una fauna salvaje al filo de la extinción, con unos mares esquilmados y con unos bosques cada vez más calcinados. Caminar por los bosques, selvas y sabanas en silencio y contemplar el espectáculo natural debería formar parte de un derecho fundamental y, lamentablemente, cada vez más está al alcance de unos pocos.

En la meditación descubro que lo divino está en cada brote de vida, pero siento que la naturaleza no es solo una madre que nos nutre en cada bocado que tomamos, sino una maestra que nos muestra el camino de la humildad, que nos invita en cada semilla a descubrir nuestro potencial y que nos recuerda que, tarde o temprano, hay que aprender a marchitarse. La tierra fértil no es más que muerte que abona la nueva vida. Todo se recicla en el bosque y hasta el árbol caído es un festival para hongos e insectos. Pero la codicia del ser humano no se detiene ante lo sensible. La visión sagrada que se intuye en la meditación no ve la cantidad de madera en la tala de un árbol, sino la belleza de su floración.

Escribía el jefe indio Seattle de la tribu suwamish al presidente de Estados Unidos a mediados del siglo XIX en respuesta a su deseo de comprar sus tierras: «¿Cómo intentar comprar o vender el cielo, el calor de la tierra? La idea nos resulta extraña (...) Cada pedazo de esta tierra es sagrada para mi gente. Cada aguja brillante de pino, cada ribera arenosa, cada niebla en las maderas oscuras, cada claridad y zumbido del insecto es santo en la memoria y vivencias de mi gente. Sabemos que el hombre blanco no entiende nuestras razones». Y sentenciaba que «cualquier cosa que acontezca a la tierra acontecerá también a sus hijos». Ha llovido mucho desde entonces, pero no parece haber aumentado nuestra sabiduría. No tenemos ningún otro planeta de recambio y lo estamos enfermando de calor, de desforestación y de contaminación. Medito para entender la lógica que nos ha llevado hasta aquí y me doy cuenta de que tenemos una gran confusión: creemos que por poseer una sofisticada tecnología ya estamos en la cúspide de la evolución y de la inteligencia. Pero no me basta con ver los efectos de nuestros actos, necesito entender la raíces de este desorden. La antropología me insinúa que gran parte de lo que hacemos y deseamos está basado en el prestigio. En nuestra sociedad, vestir bien, tener un coche potente, una casa grande, un trabajo remunerado, unos amigos influyentes, una imagen juvenil, un ocio elitista, una cultura refinada, entre muchas otras cosas que tal vez ni siquiera se desean de verdad, configura un ideal de vida que asegura ser alguien importante para los demás, alejándose de la anomia, la miseria o la vulgaridad. En un mundo donde prima el individualismo con grandes dosis de narcisismo, el virus de una vida confortable y llena de caprichos elegantes ha calado hasta la médula. ¿Adónde vamos tan deprisa, adictos al trabajo, con un consumo conspicuo y endeudados hasta las orejas? Algunos pensarán que a un mundo feliz, pero, por lo visto, nos acercamos sin freno a un abismo. La enfermedad se llama adoración a un estilo de vida que no podemos sostener ni nosotros ni el mundo entero. Y en las revueltas de la meditación me duele sobremanera sentir que yo mismo, en alguna medida, formo parte de esta ecuación irracional. Y me pregunto: ¿Quién pagará los platos rotos? Todo va tan deprisa que pensar que nuestros descendientes tendrán la tecnología adecuada para superar la crisis planetaria es pecar de credulidad.

Otras crisis están ahí, como la bomba demográfica que, como una bola de nieve, silenciosa pero imparable, agrava la anterior y da signos de que, más temprano que tarde, llegará a un punto de explosión. Es absurdo llegar a Marte con nuestros caros cohetes cuando treinta mil niños menores de cinco años mueren cada día de enfermedades evitables y cuando más de mil millones de personas no tienen acceso al agua potable, no digamos ya a un sistema sanitario. Las hambrunas se suceden cada vez con más frecuencia y, no es baladí, pero la mitad de la población del mundo vive con menos de dos euros al día. Hablaba párrafos atrás de mi sombra, de mi crisis, pero esta pobreza del mundo sin duda es la sombra que nos persigue en la insatisfacción de un consumismo excesivo y de una ostentación de una vida hueca. Nos morimos de gordura en el norte, pero en el sur se desviven gota a gota de impotencia y de tristeza. Lo tenemos tan asumido que pocos se indignan en este mundo desigual e injusto. El dolor ajeno que queda lejos llega desbravado y ya sin voz a un mundo moderno repleto de conferencias y cumbres gubernamentales bienintencionadas que hacen mucho ruido, pero que deciden más bien poco porque están encadenadas a lobbies muy poderosos.

Crisis hay muchas, pero la más insidiosa, según mi forma de ver, es la falta de visión y de soluciones efectivas de un establishment político que se hunde entre guerras intestinas para alcanzar o mantener el poder y la sumisión, harto evidente, a los poderes fácticos. La democracia que soportamos está pasada por agua, y no tanto por la deslegitimación que reina en la opinión pública sobre los mismos representantes políticos, sino, también, por la falta de cultura, general y política, que hace que se voten radicalismos o populismos sin un conocimiento de la realidad social y de la letra pequeña de lo que prometen los partidos que nos representan.

No me olvido de todo ello en la meditación, y no porque lo traiga a colación cuando cierro los ojos, sino porque lo que duele tiende a salir a flote. Y solo encuentro una respuesta ante ello: cultivar una ética fuerte, una ética que ponga por encima la vida antes que la codicia, la solidaridad antes que el miedo y la búsqueda de la paz antes que las discrepancias que nos llevan a la guerra.

Por ello, medito en la crisis y por la crisis. En la crisis encuentro un alivio momentáneo porque al meditar tomo un poco de distancia y puedo observar, aunque muchos días solo de reojo, cómo una nube informe niebla la visión y me sumerge en la desesperanza. Vamos, me digo, en un barco a la deriva. Existen, sin duda, grupos de poder que mueven los hilos de la economía y la política, pero la complejidad de la situación y la fragmentación de dicho poder difícilmente pueden dar una respuesta satisfactoria, y, al contrario, más bien ponen palos a las ruedas para proteger sus privilegios de clase. El mundo viejo se derrumba y, sin embargo, el nuevo mundo apenas lo divisamos. No estamos preparados para pensar la complejidad. Nuestra mente funciona bien cuando aislamos un problema, pero el mundo no puede resolver sus amenazas solo con soluciones ecológicas, o energéticas, o económicas. Necesitamos que todas las disciplinas converjan y que cada una aporte su visión específica para hacer, entre todos, un esfuerzo de síntesis.

Sufrimiento

¿Qué tiene esto que ver con la meditación? Todo, porque la meditación no es la negación del mundo, ni mucho menos un despegue hacia mundos paradisiacos, sino todo lo contrario, un aterrizaje en la realidad toda, la que está dentro y la que está fuera, si es que hay alguna línea divisoria. Seríamos miserables si nos pusiéramos a meditar con un impermeable para que nada nos salpique y permanecer en nuestra torre de control asépticos.

La meditación nos pone frente a frente con una moral establecida. La moral entendida como un engranaje social para funcionar colectivamente con el mínimo de fricción que hace de vaselina para evitar roces, pero que no profundiza más allá de lo consensuado. Sin embargo, para dar un salto a la ética, se requiere otra valentía. Otorgar al otro, sea quien sea y viva donde viva, la consideración de un igual, con sus derechos y obligaciones. Potenciar la dignidad requiere de una madurez y una generosidad elevada.

La meditación empieza a perforarnos cuando reconocemos el dolor y la impotencia ante el mundo. Debo decir que es urgente meditar en estos tiempos, individual y colectivamente, porque estamos en una crisis que nos fuerza a buscar soluciones. La meditación se convierte en un espejo que refleja lo real como cuando nos vemos la cara a primera hora de la mañana que, aunque no nos guste, no deja de ser la cara real que tenemos, sin maquillaje ni adornos. Vernos en la realidad de la meditación puede ser duro, pero nos permite reconocer dónde está alojado el nudo que nos aprieta, en lo personal, pero también en la esfera de lo público.

La buena noticia es que la meditación es una respuesta al sufrimiento, pero esta respuesta hay que sudarla, no basta con cerrar los ojos y quedarse quietos, hay que encontrar la suficiente calma para poder indagar. Pero ¿cómo hacerlo?

Valentía

Decía a bocajarro en un libro anterior que la meditación era para valientes, pues el simple acto de sentarse no resulta tan simple. Como seres gregarios que somos, nuestros actos están validados o son desautorizados incluso antes de pensarlos, y en los entresijos de nuestras intenciones estas alzan el vuelo o se caen por el precipicio de la nada. Así que, aunque meditemos en el rincón de nuestra habitación en penumbra y a solas, debemos ejercer una resistencia a los mandatos internos de los grupos de los que nos sentimos parte.

Sentarse a meditar cuestiona, de entrada, el mito de un progreso donde el tiempo es oro y tiene que rendir cuentas, y de que nuestro esfuerzo, tan importante, debe obtener un éxito cuantificable. Más de una vez he esperado impaciente a que sonara la campana gritando silenciosamente: «¡Qué hago aquí sentado con todo lo que tengo que hacer!». Resulta ridículo estar en meditación empujando psicológicamente el tiempo, tanto como empujar el tren en el que vas dentro. Meditar, lo digo ya de entrada, no tiene nada que ver con el tiempo, sino, más bien, con su ausencia. Y no se trata ya de ganarle la carrera a los minutos, sino de aprender el arte de fluir con lo que acontece.

Sin embargo, sentarse cada día un buen rato requiere de mucho convencimiento cuando la parte carente que todos albergamos sigue preocupada por listas y listas de tareas. Seamos realistas, meditar requiere comprender bien cuál es el punto de partida, y este punto de partida, en la mayoría de nosotros, es el de vivir en una civilización occidental, con una aceleración hacia el progreso –al menos en el ámbito tecnológico–, en un entorno cada vez más globalizado, en redes sociales complejas, con agendas apretadísimas y una gran dosis de autoexigencia. Combinar trabajo y formación, ocio y crecimiento personal, familia y amigos requiere de un malabarismo nada fácil. Y, por supuesto, esta complejidad nos la encontraremos en la meditación. Qué bien nos iría encontrarnos con un pastor o un marinero de los de antes para escucharles hablar del juego impermanente entre el valle y la montaña o el mar y el cielo, y entender mejor la simplicidad que muestra la meditación.

Dejarse caer sobre el cojín no es un mero abandono a la gravedad, sino una entera reivindicación: «medito porque quiero». Aunque ya sabemos que este querer se descubre, más adelante, débil, diletante o vanidoso y, concluimos, como el zorro con las uvas, que lo nuestro no es la meditación (cosa que también entra dentro de lo posible).

Sentarme porque quiero, no porque esté de moda, porque lo haga mi amigo, porque lo indiquen mis guías, sino porque forma parte indisociable de mi voluntad.

La meditación es un enigma y hay que arremangarse si queremos vislumbrar sus secretos. No necesitamos voluntad para comernos un pastel de chocolate, pero sí para bucear en las interioridades de lo que somos. De entrada, nos basta, de momento, con sentarnos y adoptar una postura que favorezca la calma. Veamos cómo hacerlo. Empecemos por el principio.

3. La interioridad de la postura

Aunque la meditación sea un estado de recogimiento interior, no nos queda otra que meditar en una postura, sea esta de pie, tumbada o sentada. Meditar tumbados es realmente fácil, pues el cuerpo no tiene que sostener peso alguno. Sin embargo, lo que de entrada es cómodo se convierte en un verdadero obstáculo cuando queremos mantener la atención un buen rato, pues un exceso de comodidad seguramente nos invitaría al sueño inconsciente. Por contra, la meditación de pie mantiene poderosamente nuestra vigilancia, si no queremos caernos de bruces, aunque sostenerla largo tiempo nos lleve a una inestabilidad no deseada. No es de extrañar que la mayoría de las tradiciones meditativas hayan adoptado la postura sedente como la postura principal porque integra comodidad y atención a partes iguales, un equilibrio perfecto para indagar en nuestras profundidades sin la urgencia de nuestras tensiones corporales.

Gravedad

Ahora bien, nos sentamos a meditar con nuestro cuerpo real repleto de grandes o pequeñas tensiones, desconociendo, muchas veces, la técnica adecuada para alinearse con la gravedad.

Incluso podríamos decir que nos sentamos a meditar con la actitud impresa en el cuerpo, con el temperamento cocido a lo largo del tiempo, es decir, con la pose con la que comemos, trabajamos y amamos. En este sentido, nada más sentarnos obtenemos una primera revelación: permanecer sentados en quietud es un verdadero desafío. Nuestra relación con el cuerpo está viciada por el espejo y maleada por cánones de belleza al uso. Nos reconocemos más en las fotos que nos hacemos que en lo que se mueve por debajo de la piel hasta tal punto que somos extraños a lo que sentimos.

De la misma manera que el escultor descubre golpe a golpe con el cincel la figura interna que quiere esculpir, la meditación sentada te obliga, desde dentro, a rebajar aquellas tensiones que te alejan de la armonía postural. Hay que aclarar que no buscamos una postura perfecta porque nuestro cuerpo es el que es. La técnica está para orientarnos y no para seguirla a pie juntillas, forzándonos a una postura impecable, pero, de entrada, forzada.

La arquitectura sagrada que utilizamos en la meditación nos sugiere que, para mantener la postura largo tiempo, debemos conseguir que sea estable. Cualquier posición, por muy caprichosa que sea, se puede mantener algunos minutos, pero si hablamos de estar en la inmovilidad largo tiempo, tendremos que pedirle audiencia a la gravedad. Una postura mal alineada acabará por producir sufrimiento en algunos segmentos corporales y volver insufrible el tiempo de meditación.

Enraizamiento

Tenemos asegurada –al menos en mi caso eso fue lo que me ocurrió durante muchos años– una pelea bizantina con la postura. Hace mucho que ya no me enfado con mi postura porque no busco una perfección de figurita de Buda. Me basta con lograr una cierta estabilidad en la postura y que esta me posibilite, aquí está lo importante, una vivencia interior sin interferir en ella.

De todas maneras, conviene hacer con nuestras piernas y pelvis un triángulo de sostén que favorezca una superficie amplia que dé solidez cuando estemos en estados profundos de arrobamiento. Poner las rodillas en el suelo y sentarse con los isquiones en el cojín libera gran parte de las tensiones de la columna y amarra, podríamos decir, la postura a la tierra. Estar a ras de suelo, tocar, de alguna manera, la tierra bajo nuestro cuerpo nos conecta con una seguridad que nuestra cultura occidental, amante del confort, hace mucho tiempo que ha olvidado. Hemos colocado la silla, y no digamos ya el sofá de lujo, a la categoría de estandarte. Nos parece que sentarnos en el suelo es propio de culturas atrasadas o primitivas y, sin embargo, sentarse en el suelo produce, al menos esa es mi experiencia, una sensación de libertad y un empoderamiento del mismo cuerpo.

Cuando caminamos descalzos por la hierba o por la arena, nos inunda una sensación de libertad. La tierra que tocamos no es solo arena, barro y roca. Esta tierra es la tierra que nos sostiene, que nos alimenta y a la que volveremos cuando se nos escape el último aliento. Podríamos decir que nos sentamos en meditación para echar raíces en la tierra, para conquistar una profunda sensación de firmeza y estabilidad. Dejarnos caer en la postura es signo de relajación, pero también de confianza. Durante el día, la mayoría de nosotros cosechamos un buen racimo de tensiones mientras estamos de pie. Evolutivamente hablando, todavía no hemos conquistado la plena verticalidad, todavía colea el reptil que llevamos en nuestra musculatura profunda y el mamífero que corre velozmente a cuatro patas por la sabana. Al sentarnos, necesariamente aparecen dichas tensiones. La actitud correcta es relajarnos, dejar que la estabilidad de la postura vaya drenando hacia abajo las tensiones gota a gota.

Actitud

Con la postura estable nos enraizamos, tal como sugeríamos, en la tierra. Solo que, más allá de la postura, nos enraizamos también en la presencia, y la presencia, cuando de veras la experimentamos, congela el tiempo. Sentarse en quietud nos libera de ese tiempo, del tiempo psicológico que como un tren de vapor silba a toda velocidad en nuestra mente.

No obstante, no nos interesa tanto la postura en sí, sino la postura de la postura; esto es, la intención con la que nos sentamos. Podemos articular bien nuestras caderas y piernas, pero la posición nos invita sutilmente a dejarnos caer, a ceder a la gravedad y, de ahí, a dejarnos ser, casi como un árbol enraizado en la tierra que lo sostiene y lo nutre, sin pretensión de ir a ninguna parte.

La técnica es importante, quién lo duda, pero me parece que la clave está en la actitud misma. No creo que alguien arrogante en su vida adopte después una actitud humilde al meditar, o viceversa. Más bien, pienso que la actitud en la postura revela una forma de vivir. Puedo reconocerme al meditar, más fácilmente que en mi vida, rígido o hundido, ansioso o calmado, inseguro o prepotente. Salvo el cadáver, el cuerpo está imantado por un *daimon*, un genio protector o una inteligencia vital, y es esta la que se manifiesta, más pronto que tarde, al adoptar una postura en la meditación.

En este sentido, la postura nos recuerda que toda salida del eje cuando nos inclinamos hacia delante o nos retraemos hacia atrás es, cuando menos, el reflejo de una tendencia. El deseo o la aversión, la anticipación o la resistencia, la ansiedad o la apatía se destilarán en la postura con la que nos sentamos. Solo el eje de la gravedad nos mantiene en el momento presente. Basta la nostalgia o la expectativa, el recuerdo o la fantasía para sacarnos, la mayoría de las veces, de nuestro eje del tiempo presente.

Verticalidad

Aun así, no basta con dejarse caer relajados hacia las profundidades de la tierra porque acabaríamos, con el tiempo, enroscados como una bola. Hace falta el empuje vital que nos lleva a la verticalidad. Situarnos en el eje es la forma natural de economizar esfuerzos. El cuerpo espontáneamente buscará la vertical al igual que lo hace un árbol si quiere crecer bien arriba. Otra cosa será que nuestra musculatura acortada o las desviaciones de la columna lo impidan.

Muchas veces nos sentamos creyendo que tenemos la columna recta y es que nuestra imagen corporal interna puede estar viciada por las tendencias corporales. Se hace necesaria la corrección de un guía o bien la utilización, en las primeras etapas, de un espejo para contrastar la imagen subjetiva y la objetiva. Eso sí, sin obsesiones. El camino meditativo es largo y las posturas con el tiempo se equilibran.

Mucho más importante es lo que sostiene la verticalidad. La vertical nos impulsa a mantenernos despiertos. Ejerce en nosotros un plus de atención como cuando atravesamos un bosque que desconocemos. La confianza que se desprende en el enraizamiento, se convierte aquí, en el impulso vertical, en asombro. Y no es para menos, la vida nos deslumbra si estamos suficientemente atentos.

Si el ajustarse inmóviles a la gravedad puede dar problemas de insensibilidad, proyectarse hacia las alturas con mucho ahínco puede llevarnos a la rigidez. Por eso, la verticalidad de la que hablamos tiene que ser flexible. La vida es movimiento y todo lo que pierde elasticidad termina por romperse. Los japoneses antiguamente construían sus casas de madera sin clavos. Cuando arreciaba un terremoto, toda la construcción se movía, pero no se derrumbaba. Incluso los árboles que caen con el vendaval son los que tienen la madera más bien seca y dura.

Complementariedad

A veces siento que la postura meditativa encarna la perfecta complementariedad de los opuestos. De ombligo para abajo tenemos la tierra y la comprensión de que tenemos un cuerpo y unas necesidades, de ombligo para arriba un cielo que nos alumbra donde poder orientar nuestros anhelos. Buscamos firmeza y estabilidad en la base de la postura, pero vigilancia y flexibilidad en la cima. Enraizamiento en un lado y proyección en el otro. Y si afinamos un poco más, conciencia de la atemporalidad en un extremo y la vivencia del instante en el otro. Somos, sin duda, un cuerpo que contiene al Ser, pero también el Ser que se cristaliza en un cuerpo.

En todo caso, la meditación nos invita a encontrar una postura equilibrada para poder acoger sin tambaleos la belleza del momento presente. Seguramente, en la contemplación, la belleza del instante, único y fugaz, desde un fondo atemporal, eleva nuestro cuerpo hacia una atención suspendida, pero, para que esto sea posible, como decíamos, habrá que quitarle lastre a nuestro temperamento. La postura no deja de ser una auténtica práctica, la primera que encontramos en el proceso meditativo.

Meditando...

Me gusta cambiar de postura en las diferentes sesiones de meditación. Procuro cambiar la posición de las piernas o intento sentarme algunas veces en un taburete en la posición del diamante con los talones debajo de las nalgas. La variedad de posturas evita, a la larga, fijar un hábito y tensar una musculatura en detrimento de otra. Pero, evidentemente, suelo sentarme en aquella posición donde encuentro más estabilidad.

Una de las piezas claves en la postura meditativa es el cojín de meditación. Hasta Buda, previo a su iluminación, se sentó sobre un fardo de paja para estabilizar la postura. Sentados en medio del cojín conseguimos que la pelvis quede más alta que las rodillas, de esta manera las rodillas se anclan al suelo y los isquiones quedan bien apoyados sobre el soporte del cojín.

Me costó muchos años entender que la clave de la postura radicaba en una pequeña anteversión de la pelvis (llevando las crestas ilíacas hacia delante), puesto que abría de esta manera la caja torácica liberando el diafragma. Y el resultado era que respiraba mejor, con más fluidez y con mayor profundidad. Esta es, a mi juicio, la prueba del algodón que les invito a hacer a mis alumnos. Sentarse en diferentes posturas para la meditación y sentir en cuál de ellas se respira mejor.

Más allá de la pelvis y la columna, hay todo un universo sutil que conforma esta arquitectura sagrada que a menudo no se tiene en cuenta. La importancia de las manos es extraordinaria porque todo el día estamos manipulando el mundo y las manos concentran una gran capacidad de atención y energía. De esta manera, al llevar la atención a las manos en una posición determinada, estamos intensificando una mayor consciencia. Me encantan las *mudras*, o gestos simbólicos, que tienen un mayor trasfondo espiritual y, aunque suelo alternar varias en la meditación, me suelo centrar en *jñana mudra*, que es el gesto de la consciencia, donde el índice y el pulgar de cada mano se encuentran delicadamente. El simbolismo es evidente, el yo individual en contacto con el yo cósmico o, en otras palabras, dentro reflejado fuera, microcosmos y macrocosmos reconociéndose idénticos. Este gesto en mi experiencia es una puerta sensitiva de gran poder. Imagina que hay una presencia que te rodea, tan sutil que no la puedes percibir con los sentidos, pero sí la puedes representar por el toque delicado de una yema con otra.

Otro de los elementos que pasan desapercibidos en la postura meditativa no es para nada técnico, sino de orden emocional. Si nos compramos una figura de Buda, lo descubriremos enseguida: su sonrisa. Esa sonrisa, que no es de cortesía, sino interna, tiene gran profundidad porque refleja la clave superior de la postura: sentarse sin esfuerzo y con naturalidad. Recuerdo, hace muchos años, en un *dojo* en Japón, el maestro zen no dejaba de bastonearme con el *kyosaku* (una vara plana y flexible que se utiliza para impedir que los monjes se duerman en la meditación), pero yo no tenía ni un gramo de sopor. Ahora me doy cuenta de que tal vez estaba practicando con demasiada seriedad. Me faltaba la sonrisa interna.

La sonrisa no es mera relajación, sino aceptación de la realidad sin condiciones. Si el mismo Buda tuviera que enseñar sin palabras, recurriría con seguridad al silencio y a la sonrisa. La sonrisa es el brazo largo de la empatía, la que armoniza lo que yo soy y lo que tú eres hasta comprender que tú y yo son solo pronombres personales. La existencia no entiende de conjugaciones.

Cuerpo, manos y sonrisa son claves en la meditación, pero hay un cuarto elemento más profundo e invisible: la mirada. Está claro que podemos mantener la mirada abierta si queremos disminuir la ensoñación o cerrarla para evitar la dispersión, con una nos mantenemos despiertos y con la otra más interiorizados, pero hay algo más y es adónde se dirige la mirada. Sin forzar los ojos, cerrados o entreabiertos, miro hacia el centro del pecho. Claramente, es una mirada interna, pero tiene la virtud de focalizarse en algo esencial. El corazón siempre tiene que estar en cualquier ecuación, sea meditativa o de cualquier otra índole, porque la mente puede aprehender la realidad desde muchos costados, pero el corazón hace como el agua, siempre busca la profundidad.

La postura no solo es habitar un espacio, rellenar un hueco o congelar una forma. Ese espacio toma su vida a lo largo del tiempo, porque la postura tiene que ser sostenida a lo largo de un periodo dilatado. No basta con entretenerse un rato, hay que insistir y doblegar el tiempo psicológico con nuestra resistencia. Creo que nada tiene valor si no perdura y creo que ningún barco llega a destino si no resiste con entereza el envite del viento.

Al principio estaba acostumbrado a meditar veinte o treinta minutos con bastante comodidad, pero cuando empecé a ir a retiros de meditación, las sentadas eran de sesenta o noventa minutos, unas cuantas veces al día, durante muchos días. Entonces empiezas a saber lo que es un minuto tras otro y sientes en tus carnes el goteo de los segundos clamando por liberarse de la inmovilidad.

En ningún caso pienso que la meditación tenga que ser un martirio, pero el tiempo en meditación reduce considerablemente nuestra vanagloria y nos hace morder la tierra de la humildad. Dicen que el tiempo todo lo pone en su sitio y en verdad el quinto elemento de la postura es la dimensión del tiempo. Tiempo para estar, para vivir, para ser, para darse cuenta, para luchar, resistirse y rendirse, tiempo también para volver a levantarse, tiempo sobre todo para entender, y vuelta a empezar.

No creo que haya que obsesionarse con la postura, pero, sin duda, es la primera piedra de un edificio que nos acoge en nuestra mayor intimidad. Y los cimientos, no lo olvidemos, tienen la función de sostener toda la creación que vayamos a colocar sobre ellos.

4. El cuerpo sentido

Decidir que quiero meditar, tenga el objetivo que tenga, y conseguir sentarme a diario, es toda una proeza en estos tiempos tan convulsos que vivimos, como veíamos en apartados anteriores. Instalados en la postura, más bien que mal, pasa el tiempo, y en ese tiempo que pasa, cuando la mente vagabundea, otras voces de lo que somos encuentran un resquicio para expresarse, y una de ellas es el propio cuerpo. Pero, si somos rigurosos, ¿a qué llamamos cuerpo? ¿Un enjambre de células, una amalgama de tejidos, un conglomerado de sistemas fisiológicos? Si juntáramos las visiones del endocrino, el cardiólogo, el urólogo o el neurólogo, por citar solo algunas especialidades médicas, ¿tendríamos claro lo que es el cuerpo? Estoy seguro de que no, porque aunque el cuerpo se sostenga en una visceralidad es, ante todo, una vivencia.

Vivencia

Cuando decimos que tenemos un cuerpo, pecamos de cosificar lo que tiene vida, pero, por contra, si creemos que somos el cuerpo limitamos, sea lo que sea, el vuelo de la propia alma. El lenguaje nos tiende una trampa, pues en realidad el cuerpo no es más que una prolongación del espíritu, y la frontera, si es que existe, es en el grado de sutilidad. El cuerpo es un templo porque él mismo está imbuido del Ser que somos. Flauta y música, llama y luz, flor y aroma no se pueden separar. Pero, claro, nuestra mente, adocenada por algunas creencias, se relaciona con el cuerpo como una pesada carga que hay que transportar.

Hay quien dice que el cuerpo es lo último que incorporamos en la encarnación de la vida y lo primero que se disuelve cuando, ya cadáver, desaparecemos de este mundo. Siendo el último de la fila, puede que lo sintamos como un desconocido. Tal vez, por dentro, nos vivamos siempre igual, pero el cuerpo nos recuerda que pasa el tiempo, y velozmente. Cambia el cuerpo con los años, es evidente, pero es que también cambia con los días, y hasta con las horas. Este cuerpo que, a menudo, sentimos extraño muestra una fractura entre la expresión que ponemos ante la cámara y el resultado final de la fotografía. Se abre, sin saber cómo, un abismo entre el plato apetitoso y nuestra inapetencia, entre el cuerpo de deseo y la desgana; se desata una tormenta entre la voluntad de movernos y la pereza, entre el deseo de dormir y el acecho del insomnio. El cuerpo nos recuerda, una vez más, que no se somete fácilmente y, si lo hace, nos pasará una factura en forma de rigidez o desvitalización o, más dramáticamente, como enfermedad o depresión.

Dolor

Por eso meditamos con el cuerpo y en el cuerpo, porque siendo este, de entrada, un extraño, encierra en su interior el tesoro de una intimidad que nos puede allanar el contacto intenso con lo que somos. Meditar, de forma directa, es bajar al cuerpo. No para corregirlo o someterlo, sino para conocer sus interioridades. Reconocer en el cuerpo no solo las heridas del bisturí, sino las fracturas del alma porque aquel, en su esponjosidad, somatiza todo aquello que el pequeño yo no puede o no sabe cómo digerir. Cada arruga, cada pliegue, cada rotación y cada acortamiento habla. Y habla con su lenguaje, que no es otro que el de los síntomas. Las molestias que sentimos no son más que el grito mudo del alma para ser escuchada.

A menudo, cuando meditamos y empieza a doler la rodilla, creemos que el dolor está allí, aunque, curiosamente, después salta al hombro o a las lumbares y desaparece de forma misteriosa del primer embiste contra la carnosidad de la pierna para retornar mucho más virulento. Se parecen los síntomas a aquellos ríos que desaparecen de su cauce natural y vuelven a aparecer más adelante. Bastaría con tirar de la cuerda invisible de lo sintomático para descubrir, tal vez, un equilibrio perdido. Quien sigue la estela del cuerpo se encuentra con lo ignoto y con lo que hemos querido olvidar o negar.

Me atrevería a decir que no hay nada gratuito en nuestro cuerpo, ni una muela y ni aún menos un apéndice, aunque contradiga al dentista y al cirujano. Cada manifestación del cuerpo responde a una lógica secreta consensuada lentamente por la evolución. No-sotros apenas tenemos un puñado de años en nuestra biografía, pero el cuerpo, en su sabiduría, nos lleva la ventaja de cientos de eras. Banalizar al cuerpo en su expresión o simplemente reprimir-lo es una forma más de ignorancia. En la meditación abrimos los sentidos de par en par para ver qué nos puede enseñar nuestro cuerpo. Y en el dolor de rodillas no se retuercen meramente los ligamentos, sino las entrañas, revueltas de miedos y de pasiones. Cuando duele la rodilla, o cualquier zona del cuerpo, nos duelen también las ilusiones que se van cayendo por el camino. En esto, sabemos que maduramos porque vamos soltando lastre.

Imagen

Creo que mucha gente se arrastra como alma en pena por los bares porque, aunque tengan casa, no tienen hogar. Una casa la puedes comprar, pero un hogar no. El hogar es el arte de vivir, de moverse, de cocinar y de amar en un espacio dado. Es la expresión de una forma de vida, de un estilo de hacer, del man-tenimiento de un orden con algunas pinceladas de desorden; es decir, la expresión de una armonía.

Y, en cierta medida, nuestro cuerpo también es otra casa en la que habitamos, pero si no nos gusta nuestro cuerpo, si en él hay muchas heridas, muchos traumas, muchos complejos, de seguro, que construimos un muro de insensibilidad y nos recluiremos en el sótano, al abrigo de las tempestades sensoriales.

La primerísima imagen que damos a los otros pasa por el cuerpo. En un abrir y cerrar de ojos, los demás sabrán de qué etnia somos; sabrán también si somos hombres o mujeres; jóvenes o mayores; gordos o delgados; altos o bajos; agraciados o no tanto. Y en menos de un minuto intuirán nuestro temperamento, si vestimos con clase, si vamos a la moda, si pertenecemos a una tribu urbana, si somos introvertidos o extravertidos, si somos nativos o extranjeros, e incluso si somos conservadores o progresistas. Todo esto matizado por unos prejuicios de los que no somos del todo conscientes. Y parece ser que esa primera impresión no se esfuma tan rápidamente, aunque los demás nos traten más a menudo. La imagen deja una huella indeleble que nos persigue más allá de la esfera social. La imagen que proyectamos es, muchas veces, algo que uno mismo ignora. Nos sorprende lo que los demás llegan a ver o a «leer» en nuestra presencia. Nosotros proyectamos, pero los demás también proyectan en nuestra persona.

No es de extrañar que nos sintamos tan vulnerables en nuestro propio cuerpo y que, tras el pudor al cuerpo que disimuladamente mantenemos, estemos tentados a usar todo tipo de postizos y maquillajes para encubrir nuestras inseguridades. Al final, vestidos amplios, hombreras, sujetadores algodonados, pelucas y peluquines forman parte de algo que ha quedado en desuso, los postizos de ahora se insertan dentro de la piel, en el interior de los senos, de los labios, de las nalgas, y en los múltiples tipos de implantes de cirugía estética. Pero el cuerpo no miente y el bisturí no puede con los hombros subidos, el pecho hundido, la mandíbula tensa, el ceño fruncido, la dureza de la mirada, el vientre duro, la pelvis cerrada o los dedos de los pies en garra. El cuerpo al desnudo nos delata.

Sensibilidad

Con todo, hay otra alternativa como venimos sugiriendo: habitar nuestro cuerpo desde la misma interioridad. Sabemos que la mirada con su esbirro el espejo son unos grandes dictadores porque priorizan la imagen por encima de lo sensible. Por eso es necesario cerrar los ojos y empezar a sentir. Hay masajes que rescatan con su toque sanador infinidad de registros que habíamos olvidado. Si bien los masajes descontracturantes resaltan los puntos de dolor, los relajantes nos abren al placer. Placer y dolor son dos asignaturas importantes a la hora de habitar nuestro cuerpo. Ambos forman parte de la programación básica de la vida, nos acercamos a lo que nos nutre y nos da placer, y nos alejamos de aquello que nos amenaza o produce dolor. Pero ambos, aunque se manifiestan en el cuerpo, forman parte de percepciones que están interpretadas por nuestra cognición. Dicho con otras palabras, el placer y el dolor están condicionados por nuestras primeras vivencias, y para que nos dejen respirar, hemos de quitarle hierro a la percepción dolorosa y alas a la percepción placentera para poder encontrar el temple de vivir en un cuerpo sano.

La meditación nos acerca, en primer lugar, a la realidad del cuerpo. Desde dentro, el cuerpo es sensación y movimiento, latido y respiración, tensión y relajación, energía y materia. Y todo esto está en permanente movimiento. Creemos que tenemos un cuerpo, y resulta que el cuerpo hace sin consultarnos, siente sin pedirnos permiso, y crece y decrece a nuestro pesar. Vivimos en un universo de sensaciones, y más que ejercer control sobre el cuerpo, debemos empezar a conocerlo y a hacernos amigos de su sensibilidad.

Si hay algo que está en nuestras manos, es la capacidad de recuperar a través de ejercicios purificadores una sensibilidad perdida. La sensibilidad es la manera que tiene nuestro cuerpo de regularse y de volver a un equilibrio perdido. Seguir, como decíamos, la estela del apetito o la desgana, el sueño o el desvelo, el vigor o el cansancio, la excitación o la calma es la manera de fluir con la vida. Si no escuchamos al cuerpo, nos despertaremos cada mañana con un ente de otro mundo.

Por otro lado, el cuerpo, en su naturalidad, es impulso, deseo, movimiento y necesidad, y nos recuerda con sus ritmos biológicos que somos mamíferos. Y ese animal que nace desinhibido aprende muy pronto que hay normas y límites, y no todo puede ser expresado en cualquier momento. Esa energía vital que congrega el cuerpo debe ser inhibida, y para ello el cuerpo se tensa. La energía que asciende y desciende desde los pies a la cabeza se ve atravesada por corazas horizontales que intentan detener (no siempre lo consiguen) la expresión, el contacto, la ternura o la rabia. En la vida, y también en la meditación, se ve claramente esa lucha fratricida entre cultura y naturaleza, entre el yo normativo y el cuerpo espontáneo. Por eso, la postura duele, porque los músculos están tensos de tanta represión.

Meditando...

Recorro el cuerpo, ya en meditación, de arriba abajo, por delante y por detrás, centímetro a centímetro, sintiendo las diferencias entre las zonas duras y las blandas, las sensibles y las menos sensibles, las que están calientes o frías, tensas o relajadas, y me ayuda a resetear el cuerpo o a volverlo a dibujar, pero no a golpe de premio o castigo, como antes, sino de ternura y amorosidad. Debemos aprender el arte de deshacer esos nudos tensionales con mucha paciencia y con mucho amor. El cuerpo, en definitiva, no es más que una flor en el jardín del universo y la meditación nos impele a convertirnos en jardineros.

Cuando siento delicadamente mi cuerpo en la superficie y en el interior, me invade una sensación profunda de agradecimiento. Estoy sano y he aprendido a cuidarme, pero, a pesar de nuestros esfuerzos, la enfermedad puede sobrevenir. Seguramente, en toda enfermedad hay algo que podemos revisar en nuestros hábitos y en nuestra actitud, pero la enfermedad, en general, tiene tantos factores que coadyuvan que sería insensato quererse culpable de la misma. Me niego a la banalidad de la *New Age* que insiste en que somos absolutamente responsables de nuestras enfermedades. Más bien soy partidario de aprovechar el derecho y el revés de una enfermedad como oportunidad de revisión de nuestros actos sin poner la culpa en medio de la ensalada.

Agradezco la salud, pero también todo lo que me enseña el cuerpo. Aprendo que las leyes naturales te nutren si vas a su favor, pero si las descuidas te pasarán una buena factura. Entiendo junto al cuerpo que somos más frágiles de lo que quisiéramos, pero, sorprendentemente, en situaciones extraordinarias, la resistencia del cuerpo no tiene parangón. Aceptar el cuerpo es, en definitiva, aceptar la vida que nos atraviesa. Si nos fijamos solo en la forma, nos desconectaremos de la energía que la recorre.

Vivir con ligereza, moverse con armonía, coordinarse con fluidez, tener flexibilidad para adoptar cualquier postura, mantener los reflejos activos, respirar sin esfuerzo, atender a las ganas de estirarse, mirar con presencia, dormir profundamente, comer con apetito, sentir la excitación, caminar en silencio o saltar de alegría no son cosas que se ven a simple vista, pero son el alma del cuerpo.

Los meditadores no solemos ir a ningún templo porque el templo lo llevamos siempre encima. Cuando te has armonizado suficientemente con tu cuerpo, sientes que en su interior puedes orar con tranquilidad. El cuerpo puede ser un espacio de libertad y acoger en su interior, como un santuario, al mismo Ser que nos habita.

Una vez hice el experimento de estar veinticuatro horas con una venda en los ojos (eran tiempos de investigarlo todo), trasteé a ciegas por casa y salí, en compañía, por la calle, fui de compras y a una reunión de amigos. El mundo de luces se apagó, pero surgió sorprendentemente la voz poderosa de los otros sentidos. Los sonidos eran más nítidos y los aromas más penetrantes, y las cosas más misteriosas como si fueran la primera vez que estaban entre mis manos. Lo traigo a colación porque en la fiesta con amigos y desconocidos pude, con el permiso correspondiente, percibir el cuerpo de los demás desde el tacto, sin el prejuicio visual al que estamos habituados. Seguramente, Borges, más allá de la anécdota en París ante el apagón en un acto a cargo de unos estudiantes, dijo que tuvo la precaución de ser ciego. Y puede que la sabiduría tenga algo que ver con cerrar los ojos al mundo para abrirlos tímidamente ante el alma que alberga nuestro cuerpo.

5. El alma del aliento

El alimento más urgente que tenemos los seres vivos que pisamos la tierra es el aire que respiramos. Respiramos una media de setecientos millones de veces en una vida y curiosamente apenas somos conscientes de ese delicado equilibrio entre oxígeno y dióxido de carbono en el interior de nuestras esponjas pulmonares. No percibimos el roce delicado o feroz del aire en las fosas nasales, y solo nos damos cuenta de la extrema necesidad del aliento cuando nos atragantamos. Puesto que el mar de aire es invisible, vivimos ajenos a nuestra interdependencia fisiológica. Seguramente, si fuéramos más conscientes de la respiración en nuestra sociedad, difícilmente contaminaríamos como lo hacemos el aire que tarde o temprano hemos de volver a respirar. Polucionamos el aire en el que nos movemos, y nuestros pulmones que ofrecen un área de contacto enorme con sus millones de alveolos se ennegrecen y se atrofian. Si el alquitrán del tabaco se depositara en la cara, ya hace mucho que hubiéramos dejado de fumar. Merece la pena recordar que cuando estábamos en el vientre materno, respirábamos a través de la sangre de nuestra madre, pero ahora el planeta hace de nodriza y nuestra respiración no deja de ser el cordón umbilical que nos alimenta.

Cuando hablamos de respiración, no hablamos solo de aire compuesto de nitrógeno, oxígeno o argón, entre otros elementos, también incluimos una dimensión energética que, por no ser visible, no deja de ser real. En Yoga, los ejercicios de respiración se llaman *pranayama*, que significa literalmente alargar o expandir (*ayama*) la energía vital (*prana*). Es precisamente esta energía vital, según la filosofía hindú, la que sostiene toda forma de vida y la que circula por nuestro interior a través de canales energéticos sutiles que se denominan *nadis*. También la medicina china habla de meridianos energéticos. Y, a estas alturas, quizá sea oportuno reconocer que más allá del aspecto físico vivimos también en medio de una realidad energética que tiene su mejor expresión en el aire que respiramos, que se carga con las radiaciones solares, las telúricas y las grandes masas de agua en movimiento. Tenemos un verdadero metabolismo energético en nuestro cuerpo. Por eso, cuando respiramos, canalizamos y acumulamos esa energía vital en zonas sensibles de nuestro organismo. La composición del aire antes y después de una tormenta, por poner un ejemplo, puede ser la misma, pero todos hemos experimentado que después de la descarga de rayos y truenos se respira mejor.

Escucha

Volviendo a lo que nos ocupa, cuando nos sentamos inmóviles en meditación, tenemos la evidencia del movimiento de nuestro diafragma. Nuestro centro respiratorio bombea rítmicamente la musculatura inspiratoria para mantener el equilibrio del Ph necesario en el sostén de la vida. Y ese bombeo pausado o alterado es el que percibimos de entrada en la meditación. Las zonas más sensibles donde percibir ese tráfico del aire son las narinas, en el borde del labio superior, y la zona abdominal, donde acaba de expandirse el diafragma. Atendemos a la respiración porque es la manifestación más clara de que estamos en medio de la vida de tal manera que al sentir el aire que entra y sale nos volvemos a conectar con esa vitalidad que nuestros circunloquios mentales habían marginado en la esquina oscura de las sensaciones. Respirar es vivir, no hace falta decirlo, y ser conscientes de ello es volver, valga la redundancia, a sentir aire fresco. La mente se va ralentizando porque no podemos hacer dos cosas a la vez. Hemos de elegir (si realmente podemos): o sentir o pensar. O ser espectadores de lo que sucede en nuestro cuerpo o interpretar la experiencia. Ambos elementos forman parte de nuestras capacidades, pero me temo que nuestra mente ya hace mucho que se ha disparado en un exceso de actividad elucubrativa. Nos conviene parar dicho exceso con la atención en la respiración y entrar en una calma que se da en el orden fisiológico, pero también, y esto es lo importante, en el plano de nuestra psique.

Si veíamos en el apartado anterior que el cuerpo tiene tanto que decirnos a través de sus síntomas, la orografía de su piel y el movimiento de sus vísceras, la respiración, cuando somos capaces de escucharla atentamente, nos va descifrando innumerables secretos que pasan desapercibidos en el quehacer cotidiano. Percibimos si es plena o insuficiente, lenta o rápida, profunda o superficial, rítmica o entrecortada, abdominal o pectoral, silenciosa o ruidosa, nasal o bucal, agradable o angustiosa, etc. Más bien la respiración se parece a la paleta de un pintor con centenares de matices y nunca, si observamos con detenimiento, hay dos respiraciones iguales. No hay dos respiraciones iguales porque la respiración, a su manera, nos está diciendo todo el tiempo que la vida es ritmo, cambio e impermanencia. La salud de nuestra respiración no se mide por el volumen inspirado, sino por la flexibilidad en adaptarse a cada circunstancia que vivimos. En esa adaptación echa mano del bostezo, del suspiro o de las ganas de estirarse. Y lo logra siempre que la caja torácica no tenga demasiadas tensiones y no estemos amordazados por ropas apretadas o malos hábitos posturales. La mayoría de las veces, al escuchar la respiración, se impone un diagnóstico severo: hemos de hacer una terapia respiratoria. Hemos de volver a sanar nuestra respiración, a quitarle tensiones y a volverla flexible y espontánea. La meditación nos avisa, pero es preciso hacer estiramientos, revisar nuestro calzado y vestimenta, mantener una higiene postural en casa y en el trabajo y hasta, me aventuraría a decir, salir a menudo a la naturaleza para respirar aire puro.

Atención

Al meditar atendemos a la respiración no para hacerle un chequeo periódico, sino para lograr una mayor interiorización. La respiración es como un iceberg, una punta que sobresale, controlable y consciente, y otra sumergida, involuntaria y subconsciente. De tal manera que, al prestarle atención, nos hace de puerta giratoria para indagar en los procesos emocionales y cognitivos que se dan por debajo de la línea de flotación de nuestra consciencia. Así convertimos la respiración en el gran soporte de nuestra atención.

La respiración es el soporte principal que tenemos en la meditación, aunque tendríamos que hablar con más propiedad de tablero de juego porque, al menos en las primeras etapas del proceso meditativo, a los pocos minutos, y aun segundos, de prestar atención al flujo de la respiración, nuestro pensamiento ya se está yendo por otros derroteros.

Meditar, con bastante frecuencia, es guerrear con uñas y dientes para no ser llevado por la corriente de nuestros pensamientos hacia el precipicio de nuestros condicionamientos inconscientes. Volver, una y otra vez, sin frustración pero con determinación, a sentir cómo roza el aire en el interior de la nariz, cómo penetra en los bronquios y cómo, tras una pequeña pausa, sale caliente y sin esfuerzo. De esta manera cultivamos nuestra atención dispersa o distraída. Para ser exactos, lo que hacemos en meditación es adiestrar al *buey* embrutecido de nuestra mente a quedarse plácidamente en quietud y empezar a observar el paisaje. La atención se convierte en una soga que sujeta los movimientos erráticos de la mente. Si apretamos demasiado, es decir, si nos obsesionamos con la concentración en la respiración, lograremos enfurecer mucho más al buey salvaje, pero si lo sujetamos con firmeza y con ternura, tendremos más probabilidades de conseguir nuestro propósito.

Dispersión

Calmar nuestra mente es la única posibilidad de percibir la realidad. El buey resopla y todo queda teñido con su mugido estruendoso haciendo imposible la captación de la parte sutil de la existencia. Con otras palabras, diríamos que nuestra mente está apuntalada por unos cuantos mecanismos de defensa y revestida por un racimo de creencias no revisadas, de tal manera que lo que vemos en la realidad (interna y externa) es pura ilusión, pues todo queda distorsionado o se muestra confuso.

La dispersión es uno de los grandes obstáculos que encontramos al meditar. Ya sea porque tenemos demasiadas cosas en la cabeza, porque permanecer tranquilo y concentrado activa nuestra ansiedad o simplemente porque respirar nos puede resultar muy aburrido, lo cierto es que no sabemos estar presentes. El mundo interior se nos antoja anodino, caótico o irreal. Hemos literalizado tanto el mundo que creemos que lo real reside allá afuera, y no solo esto, sino que nuestra paz y nuestra satisfacción, nuestra supervivencia y nuestra felicidad la encontraremos allende nuestra piel, en el tiovivo de lo mundano.

Sin esfuerzo

Insinuábamos que la respiración podía ser una puerta para conectar cuerpo y mente, visceralidad y pensamiento, pero ahora vemos que la puerta es difícil de abrir y se puede convertir en un muro.

Con el tiempo, el *buey* de la mente se apacigua, baja sus cuernos y su hocico y, por fin, podemos centrarnos en la respiración. Al respirar, casi sin darnos cuenta, podemos haber caído en otra trampa, quizá más sutil que la anterior. Cuando decimos: «a respirar» o «tengo que centrarme en la respiración», estamos poniendo al yo por delante. Funcionamos en nuestra vida cotidiana bajo muchos mandatos. Tenemos tantas normas, leyes y acuerdos, tantos «debería», que hemos construido un yo normativo muy sólido. Al meditar puede que nos estemos obligando a respirar profundamente, con lo cual empujamos el acto de inspirar y de espirar de forma voluntariosa. Y el cuerpo nos indica, desde la fatiga, que no es necesario, que sabe respirar mucho mejor que nosotros mismos y que la fisiología respiratoria responde a un sinfín de factores químicos y posturales, genéticos y emocionales; es decir, la respiración es un resultado que hay que respetar. No hace falta añadir más esfuerzo, hay que aprender a soltar. Soltar el exceso de control que alimenta el miedo y disfrutar de la espontaneidad con la que se da todo. Latimos, digerimos, transpiramos y respiramos sin esfuerzo, naturalmente.

La respiración es un saco de sorpresas; por un lado, nos ayuda a canalizar la dispersión galopante, y por otro, a soltar el control y confiar más en la vida que nos atraviesa. Respirar confiados es dejar que las cosas sucedan a su tiempo, lo mismo que el campesino que no se impacienta con el tiempo de la cosecha porque sabe que la naturaleza tiene el ritmo adecuado.

Ola

Como la respiración conecta un dentro con un afuera y un arriba con un abajo, se convierte en la gran mediadora. Enseguida nos damos cuenta: respiramos con el cuerpo, pero también con la mente. Respirar desde nuestros adentros es deshacer los nudos que nos constriñen. Si en el cuerpo la respiración deviene espontánea y sin esfuerzo, en la psique, respirar es libertad, es tomar posesión de este tiempo que es mi tiempo, de esta respiración que es el resultado de lo que soy en este preciso momento, sin sentirme empujado por ninguna consigna ni acelerado por ninguna compulsión. Cuando no ventilamos la habitación donde vivimos o trabajamos, el aire se enrarece, y cuando no respiramos junto a la respiración, terminamos por coger solo un hilillo de aire, lo suficiente para no caer asfixiados en el límite de la no existencia. Hay que decir bien alto que apenas respiramos porque tenemos miedo a ocupar todo nuestro espacio vital, otra forma de decir que tememos a la vida tanto como a la muerte.

Respirar es aprender a respirar como la ola que va y viene empujada dulce o salvajemente por el viento. La respiración, como la ola, es ritmo que no depende de nuestra voluntad y la única manera de no ahogarnos es aprender a surfearla.

Si detrás de la ola está el viento, por debajo de la respiración está la energía vital que la mueve. No solo movemos aire de fuera hacia dentro o de dentro hacia fuera, sino que captamos, con nuestras zonas más sensibles, un mar de energía vital en el que estamos sumergidos. Respirar conscientemente es abrir las compuertas a la energía y a la vitalidad. Y, a decir verdad, cuando estamos con nuestros canales sutiles abiertos, nuestra mente tiende a calmarse. Por seguir con la metáfora, delante del mar que arroja a nuestros pies el bravo oleaje, nuestra mente se abre de par en par hasta disolverse en el ancho horizonte.

Gozo

Somos cuerpo y mente como apuntábamos más arriba, pero qué duda cabe que también somos espíritu. Si la respiración en el cuerpo es espontaneidad y en la psique libertad, en el hueco infinito que deja nuestra alma, la respiración se vuelve gozo profundo. No nos olvidemos de que alma viene del vocablo latino *anima*, que significa aire y aliento. Es ese soplo vital que se le escapa al ser humano en el último hálito cuando comprendemos que vivir es respirar. Inhalamos y exhalamos no solo aire, sino también las vibraciones sutiles del alma.

La delicada capa de la atmósfera que nos rodea es fruto del metabolismo pasado y presente de la interacción entre flora y fauna. Respiramos una y otra vez el mismo aire. Un aire que se convierte en vínculo estrecho entre todas las formas de vida. Ese aire que contacta físicamente en el alveolo más profundo de nuestros pulmones ha contactado antes con el alga y el pino, con el gusano y el león, con el águila y los humanos actuales y con todos los que nos han precedido. El aire respirado nos vincula y nos acerca, crea una atmósfera en la que podemos sentirnos como parte de un todo. La respiración nos acerca a la comprensión de que la realidad está profundamente interrelacionada y que para nada somos el espejismo de una individualidad, cuando en realidad somos un mandala infinito de vida.

Meditando...

Cuando me pongo delante de la respiración en meditación me hago un poco alquimista, pues intento convertir la respiración de inconsciente en consciente, de superficial en profunda, de grosera en sutil, de esforzada en gozosa y de individual en planetaria. Para empezar hago una, dos o tres respiraciones profundas para sentir intensamente el aire y activar un cortocircuito en el circunloquio mental que me permita encontrar una mayor calma. En realidad, no le impongo una forma a la respiración, más bien la invito a que se haga más profunda. La mayoría de las veces acepta gustosa mi ofrecimiento.

En verdad, no hay nada como dejarse respirar sin ofrecer resistencia, como cuando te dejas flotar río abajo. He puesto tanto esfuerzo en vivir que casi se me caen las lágrimas cuando descubro a través de la respiración que todo era mucho más fácil. Sentarse en el cojín, apuntalar la estabilidad de la postura, mantener la vertical flexible y respirar. Me parece que no hay nada más sencillo, más reparador y más esencial. Los pensamientos que no vienen a cuento vuelven como ráfagas de viento que pretenden captar mi atención, pero me refugio en la curva de las sensaciones. Sentirse lleno y permitir el vaciado, encontrarse en vacío y dejar que entre todo el aire, es aprender a dar y recibir, recibir y dar, una y otra vez, y repetir incansablemente todo el ciclo.

Pero a veces lo más sencillo cuesta de entender. ¿Cómo soltar el control de la respiración desde el mismo centro de control? Reconozco que no me resultó fácil, en parte porque la respiración espontánea va a un ritmo a veces que no es el esperado y, sobre todo, porque el ego sin control se siente desnudo, sin la lógica que le dio vida. Dormir, flotar, reír, imaginar y tantas otras cosas que hacemos sin control, y las hacemos bien... cuando no nos las proponemos.

A menudo, cuando el viento de la mente se enfurece y no me deja volver pacientemente a la respiración, cuento respiraciones como el que cuenta ovejitas para dormir, aunque yo prefiero contar pétalos, que ubico estratégicamente en los centros energéticos a lo largo de la columna para ganar un poco de calma interior. Los pétalos caen, el aire se esfuma, todo surge y desaparece, solo permanece el ritmo en un tiempo atemporal. Ya no hay un yo respirando, solo hay respiración.

Es erróneo pensar que respiramos, tal vez tendríamos que matizar que somos respirados, que somos receptáculos de una vida que nos ha sido dada y que, mejor tarde que pronto, nos será sustraída. La respiración nos trae una certeza: un día cogimos aire por primera vez, habrá otro que lo soltemos por última vez obligatoriamente. La actitud más sabia es gozar de ella mientras podamos.

6. El laberinto afectivo

Con la respiración nos habíamos quedado al borde de nuestro mundo interior una vez que habíamos desactivado la dispersión en el cultivo de la atención ganando una buena dosis de serenidad. Y es que no podemos entrar en nuestro templo interior haciendo demasiado ruido. La voluntad de sentarnos para encontrar un punto privilegiado de observación nos ha precedido, pero una cosa es querer centrarse y otra muy distinta conseguirlo.

Seguramente vamos hacia dentro a encontrar un refugio una vez que nos hemos dado cuenta de que el mundo, aunque contundente, contiene una buena carga de artificio e ilusionismo. El mundo externo es un escenario de luces que nos deslumbra, pero, cuidado, en el mundo interno abundan penumbras y sombras, especialmente cuando no ha sido visitado con frecuencia.

Mirar hacia dentro requiere de mucha valentía o, al menos, de un gran anhelo de autoconocimiento. Lo que está claro es que somos seres que sentimos, y sentimos tantas cosas que, por momentos, nos da vértigo. Cuando miramos hacia dentro, lo que encontramos, en primer lugar, es caos. El mismo caos que vemos a simple vista en el cielo estrellado que desconocemos. Cuando la observación se cultiva como hace el astrónomo, ese cielo caótico desaparece para convertirse en una danza de esferas. Pero, de entrada, lo que vemos en ese cielo interior es esperanza a la vez que desesperanza, coraje emparejado con el miedo, fe salpicada de incredulidad, amor y odio intercambiándose, curiosidad dando paso al aburrimiento. Y todo eso acontece porque el paisaje humano recorre muchos senderos en una vida.

Sentimientos

Sentimos todo esto, y mucho más, pero paradójicamente no sentimos lo que queremos sentir porque los sentimientos no nos pertenecen del todo, es como si tuvieran vida propia. Me gustaría sentir confianza, pero me puede la desconfianza; sentir amor, aunque permanezco en el estanque de la indiferencia; ponerme activo, mientras sigo anclado a la pereza. No decido lo que siento porque los sentimientos son una representación emocional de cómo nos afecta lo que estamos viviendo. Sabemos que esta relación me está afectando porque me despierto alegre o triste.

De alguna manera, los sentimientos ponen vaselina a la dureza de la vida y nos preparan para lo que está por venir. Humanizamos la realidad a golpe de sentimientos, como el aderezo que utiliza el cocinero cuando cuece las verduras. Nadie quiere comerse la patata de la realidad a palo seco, nuestros afectos añaden aroma al hecho de vivir. Ahora bien, de la misma manera que no elegimos los síntomas que somatizamos, tampoco elegimos del todo el tono emocional en el que vivimos. Evidentemente, hay mucho margen de acción y de transformación a través de nuestros sentimientos, pero elegir, lo que significa elegir, elegimos poco, visto lo condicionados que estamos.

Eso sí, no elegimos la pasión que nos hierve por dentro, pero somos artistas en las estrategias de camuflaje. Podemos camuflar el orgullo como servicio desinteresado a los demás, disfrazar nuestra vanidad como excelencia o la misma cobardía hacerla pasar por prudencia. Nadie quiere dar demasiada información a sus enemigos.

En todo caso, si somos sinceros, gran parte de lo que vivimos queda relegado en el altillo del olvido. Nuestra memoria es selectiva, aunque no lo sepamos, y ciertos actos son maquillados, ninguneados, enterrados o colocados sobre un pedestal.

Evitación

Modificamos lo vivido para que duela menos. Y esta es una clave para entender nuestro carácter. En el núcleo duro de nuestra identidad subjetiva lo que hay es algún tipo de evitación. Evitamos lo que duele como mecanismo neurótico de supervivencia emocional. No hay que olvidar que la estructura base del carácter se coció en los primeros años de vida, cuando éramos pura reactividad y apenas teníamos margen para aplazar la gratificación o contener la frustración. Evitamos el conflicto, el caos, la carencia, el dolor o el fracaso, pero también la soledad, el anonimato, la debilidad o la tristeza. Y, para evitarlos, echamos mano de grandes pasiones que prometen salvación. Nos ponemos un traje de dureza para proteger nuestra debilidad; nos inflamos de orgullo para disimular nuestras carencias inconfesables; nos convertimos en los mejores para acaparar un puñado de aplausos que calman momentáneamente nuestro desamor; nos hacemos el muerto para no tener que lidiar con los conflictos; nos escondemos en nuestra torre de marfil para que nadie nos importune con sus tontas demandas; nos hacemos las víctimas al menos para que alguien se apiade de nosotros; nos convertimos en ositos de peluche para que nadie ose castigarnos o nos inventamos un mundo feliz para escaparnos, cuando nos dé la gana, del dolor y la tristeza. La lista es innumerable, son estrategias inconscientes que se disparan cuando nuestro delicado equilibrio emocional tiene demasiada presión. No hay que sentir vergüenza si nadamos con flotador, al fin y al cabo la profundidad del mar de la realidad es infinita y es muy humano agarrarse a lo primero que parece que no se hunde.

Reconocimiento

De momento, seguimos sentados en meditación. Habíamos replegado los sentidos después de haber calmado la respiración y ahora nos encontramos en la antesala de nuestro hogar interno. Una antesala que tiene infinidad de puertas por donde aparecen y desaparecen los múltiples personajes de la obra de nuestra vida. Hacer una fiesta o un funeral con todos ellos no es el objetivo de la meditación esencial, que solo busca calma y claridad. Tampoco es lugar para hacer terapia, seguramente es más cómodo el diván del psicoanalista que el cojín del meditador. Pero ya que el tráfico de contenidos subconscientes no para de emerger, pese a nuestra voluntad, no nos queda otra que tomar partido y darles la bienvenida. Sí, la primera actitud sabia delante de las sensaciones, emociones, sentimientos, pensamientos, imágenes o intuiciones que no paran de deambular por nuestro interior es el reconocimiento.

Reconocer no es juzgar, hay que ser muy loco o muy tonto para ponerse en la piel del juez, porque ya no se trata de evaluar lo que era bueno o malo en el momento de la experiencia, sino de entender qué papel tuvo todo ello en el escenario de nuestra historia. Reconocer es ponerle una silla cómoda a los visitantes de nuestra psique donde sentarnos conjuntamente y ponernos a dialogar. Cierto, hubieron momentos alegres y tristes, placenteros y dolorosos, plácidos y traumáticos, a menudo más de unos que de otros. Sin todos ellos no seríamos el/la que somos, no lo olvidemos. Los dolores y las alegrías forman parte de la vida. Aprendemos de ambos, aprendemos del rechazo, pero también del apego y tal vez sea este el fiel de la balanza. Es necesario preguntarse qué aprendimos de todo ello. La tarea es hercúlea: reconocer lo vivido con una mano y aceptarlo con la otra. Con ambas podemos abrazar a ese niño o niña interno lastimado y empezar pacientemente a cicatrizar las heridas. Solo cuando abrazamos el sufrimiento, la energía enquistada de resentimiento, odio, rencor o frustración se libera en pos de la alegría del Ser.

¡Qué gran enseñanza esta de la meditación! Nos habíamos sentado para ser lanzados a la cumbre de la perfección, al paraíso espiritual, a la excelencia humana y nos damos cuenta enseguida de que somos seres necesitados, frágiles e inseguros. Vendemos fácilmente nuestra alma por un aplauso de reconocimiento, una palmadita de solidaridad o una mirada de amor.

Necesidades

Nuestro sentir intenta, a veces desesperadamente, rastrear nuestras necesidades y facilitarlas, pero somos muchos los que buscamos lo mismo en un mundo lleno de espejismos. Si no conseguimos el «premio» de la satisfacción buscamos sucedáneos o falseamos la realidad. Nos gustaría sentirnos seguros y estar confiados, saber quiénes somos, dónde estamos y adónde queremos ir; contar con los medios adecuados y llegar a nuestros objetivos directa y plácidamente. El cuento es muy bonito, pero la realidad es otra, porque si en nuestro temprano pasado el entorno fue hostil, el aprendizaje incompleto, los mensajes ambivalentes y los medios escasos, es posible que nos encontremos con un suelo emocional de inseguridad. Desde este temblor interno buscaremos firmeza en estructuras externas de autoridad o replicaremos discursos grandilocuentes y sin fisuras dictados por otros. Viviremos con una armadura a prueba de balas, pero encogidos de miedo por dentro.

También nos gustaría ser autónomos, independientes y libres.

Tener toda la energía vital a nuestro alcance para defender nuestro espacio personal de cualquier invasión y saber imponernos en cualquier circunstancia cuando sea necesario. Está muy bien, solo que vivimos en un mundo que apenas nos respeta, que teje a nuestro alrededor telarañas de colores para mantenernos dependientes y que cuando nos imponemos responde desproporcionadamente con más control. Es comprensible que, a veces, uno tire la toalla en el ring de la vida y diga sí a todo, o todo lo contrario, que se ponga rígido diciendo no a diestro y siniestro. Somos paradójicos, como es evidente.

Pero si hay una necesidad de la que todos, o casi todos, andamos renqueando, es la del amor. Nos gustaría que la comunicación fluyera con los demás sin malentendidos; sabernos escuchados con atención; dar y recibir un abrazo de comprensión mutua. Desearíamos ser queridos de la misma manera que nosotros amamos y nos agradaría ser atendidos cariñosamente cuando nuestras fuerzas decaigan; tener amigos de verdad y personas que nos quieran de manera incondicional por lo que somos, sin necesidad de demostrar nada. No lo digo con ironía. Esta necesidad es probablemente la más noble a la que podamos aspirar. El problema es que este amor profundo muchos lo hemos visto solo como ficción en una pantalla de cine. Despertar el corazón, objetivo último de la espiritualidad, precisa recorrer un largo trecho empinado y soltar una tonelada de lastre emocional.

De entrada, lo más probable es que hagamos un cálculo en el amor: «Te doy solo si me das, te quiero si me demuestras realmente que me quieres y me uno a ti si eres una persona que me da seguridad y eres respetable a los ojos de los demás». Demasiados requisitos previos para que la planta del amor crezca confiada y libre.

La primera reacción, la más evidente, es la de colocarse una máscara. Puede que no sepa lo que siento por ti, pero sé a la perfección qué papel debo representar para ser aceptado. Puedo ser el mejor amigo o amiga, el mejor amante y un excelente compañero o compañera de vida mientras el propio corazón permanece todavía descongelándose. La sociedad vive de ficciones y pensamos que una más puede ser perfectamente consentida. Miramos hacia otro lado cuando nuestras relaciones amorosas hace mucho que han naufragado.

Carácter

Como decíamos, tenemos problemas con la seguridad en uno mismo, la autonomía y el amor, y el carácter toma buena nota de ello. Graba a fuego lento, de forma indeleble, todo aquello que nos amenaza o nos hiere y afila las garras sacando los colmillos porque su función es, cuando menos, la de sobrevivir en un mundo de vínculos que nos pueden asfixiar o dejarnos abandonados. El carácter es la manera peculiar que tenemos de sentir y, añadiría, de adecuar lo vivido y anticipar lo que está por venir. Y, verdaderamente, esa manera tan personal de vivir, de habitar esta realidad deja un rastro de consecuencias que, tarde o temprano, lo que llamamos destino nos lo traerá hasta la puerta de nuestra casa. Vivimos lo que vivimos porque, en gran parte, somos artífices de nuestras vidas.

Hablábamos de la rodilla o del hombro que nos dolían en la postura meditativa, y argumentábamos que gran parte de ese dolor era de origen emocional. Lo que duele de veras es la resistencia a la inmovilidad, la angustia del vacío, el cuestionamiento del silencio y el mismo tiempo que pasa negándonos el significado de lo vivido. Pero este otro dolor, que resuena a menudo en el centro del pecho, puede ser mucho más insoportable. Reconocer que uno ha sido traicionado, que fue abandonado, que sufrió engaño, humillación y acoso, es decir, que vivió en sus carnes un profundo desamor, duele. Y tal vez duele más todo lo contrario, cuando uno reconoce que fue el verdugo, el acosador, el mentiroso, el traidor, el que dio un portazo y desapareció abandonando a la persona querida en el peor momento.

Darse cuenta

Fruto de nuestro tiempo, nos sentamos en meditación con prisas, con un deseo imperioso de alcanzar un estado de fervor, éxtasis o embeleso que calme nuestra angustia, pero el tiempo lento de la meditación desincrusta sedimentos que creíamos bien sujetos, icebergs a la deriva que perforan nuestra línea de flotación, aullidos en la noche del alma que no nos dejan dormir. El intento de atarlo todo de nuevo y cavar una fosa no dará resultado, prueba de ello es que lo negado se transmuta en lapsus, equívocos, pesadillas, insatisfacción y mal humor. Solo hay una fórmula que podamos aplicar para salir de este atolladero, como ya hemos indicado: reconocimiento «sé que estás ahí», aceptación «te comprendo y no te juzgo» y transformación «juntos podremos convertir el sufrimiento en un acicate para el despertar de la conciencia».

A veces, un pequeño clic desata la sanación interior. Es el arte de darse cuenta. Cuesta la misma energía ser agradecido que mantenerse en la queja; ponerse en una posición de disponibilidad que quedarse en la resistencia; sacar la bandera del perdón que hundirse en la ciénaga del odio.

Laberinto

El mundo afectivo es un colchón ante el avance del nihilismo. Somos seres sociales y nos sostenemos, a menudo de forma precaria, en la red de vínculos de nuestro grupo de referencia. Es un colchón que amortigua los envites de la vida, nadie lo puede negar, pero también es un laberinto que gira a derecha e izquierda sin saber bien adónde nos dirigimos. Mientras sigamos las consignas del grupo o de nuestra sociedad sin revisarlas, daremos vueltas y vueltas sin parar. El laberinto tiene un objetivo secreto que hay que descubrir: en sus interioridades hay un centro donde queda resuelta toda incertidumbre. Para llegar a él, nos recordará el mito, hay que enfrentar el monstruo de la mentira, de la propia, la del autoengaño.

Resolver el laberinto de nuestros afectos significa que hemos encontrado un centro de vivencia. Cuando nuestras acciones están polarizadas por consignas externas, perdemos nuestro preciso eje vital, pero si retomamos nuevamente el centro, si volvemos a lo que sentimos de verdad, si llegamos a poner un pedacito de corazón en todo aquello que hacemos, con toda probabilidad nuestras acciones tendrán esa coherencia interna que les dará un enorme poder.

La meditación alumbra el descubrimiento del propio corazón. Si antes hemos sanado nuestras heridas emocionales, podremos abrazar el sufrimiento propio y ajeno y veremos que la línea que los separa es totalmente permeable. El dolor del otro resuena en el propio, y viceversa. Ambos son destilaciones del sufrimiento del mundo. Cuando nos damos cuenta de que lo hiriente del sufrimiento, es porque lo hemos personalizado al colocar nuestra autoestima en el mismo frente de batalla, empezamos a comprender el juego ilusorio de todo. Cuando el mundo te insulta, te niega, te arrincona o te aplasta, hay que sacar el capote de la ecuanimidad y recoger solo lo que realmente es nuestro, desechando el resto. Cuando descubrimos que el sufrimiento es opcional, empezamos a sentirnos más livianos.

Meditando...

A menudo, en meditación, cuando la aflicción sube como la hiedra, llevo las manos al centro del pecho ejerciendo un poco de presión. Y ahí respiro, sacando el aire como en un suspiro por la boca. Y aplico la fórmula antes mencionada, reconozco, acepto e intento la transformación de todo aquello que me aprisiona. Liberar el sufrimiento es darme el permiso del perdón, hacia los otros y hacia mí mismo. Adelgazo la capa gruesa del carácter diluyendo el narcisismo que todavía se enfurruña con los desaires de los demás, y entonces me doy cuenta de que ese sufrimiento no es del todo personal, silba en las esquinas de mi ser como el viento enfurecido, pero sigue su camino porque no le doy cancha. Incluso llego a desconfiar de la consistencia real de los sentimientos porque si estos son meros mediadores es que la realidad está en otra parte.

No podría vivir sin música y mucho menos sin sentimientos que es otra forma de armonía o desarmonía de los afectos. La música me permite bailar y los sentimientos conectar, vincularme con los demás y con la vida. La pregunta estriba en cómo me relaciono con la vida, cómo me sostengo o me ahogo en medio de los vínculos o cómo me afecta lo que experimento. Con los años, tal vez formando parte de mi carácter, y por seguir con la metáfora, escucho la música con poco volumen y no soy partidario de fiestas y jolgorios. Soy discreto, y la felicidad, me digo, está en la medida justa. Lo importante es si el laberinto de afectos nos ayuda a expresar el amor que sentimos o se entretiene en los prolegómenos.

Tal vez por eso, en el silencio de la meditación, me imagino que en el centro de mi corazón florece una flor, bella, perfumada y delicada, y me digo que ojalá pudiera amar como lo hace la naturaleza, sin un porqué, sin condicionamientos y sin expectativas.

7. Las raíces del sufrimiento

Todos sabemos lo que es llevar una piedra en el zapato, apenas provoca una pequeña molestia y tiene una muy fácil solución. Nuestro cuerpo puede sentir sed, hambre, frío, cansancio o sueño, pero sabemos que basta con beber, comer, abrigarse, descansar o dormir para volver a nuestro apreciado bienestar. Los dolores son consustanciales con el hecho de vivir, nos accidentamos, nos enfermamos o nos equivocamos. Nadie está libre de incomodidades.

Sin embargo, muchas situaciones que vivimos pueden dolernos más o menos, pero también pueden producirnos algo más profundo y subjetivo que el mismo dolor, pueden llevarnos al sufrimiento. Un deseo puede ser frustrado; una relación resultar insatisfactoria; una enfermedad puede llevarnos hasta la agonía; un viaje puede que acabe por desilusionarnos; una compra, dejarnos descontentos; un examen, presionarnos en exceso; la pérdida de un ser querido, darnos mucha pena; estar perdidos en un lugar puede mantenernos intranquilos. La lista sería interminable. No podríamos abarcar todos los matices e intensidades de eso que llamamos sufrimiento.

El sufrimiento también abarca el acoso, el chantaje, el secuestro, la violación, la privación de libertad, la tortura, el suicidio, la locura y todos los horrores de las guerras que el ser humano ha mantenido a lo largo de la historia, de una historia sangrienta que parece no tener final. Ojalá todos los seres encuentren la paz y nadie tenga que vivir semejantes atrocidades del alma humana, un deseo muy noble, aunque el mismo Lao Tzu duda de que el mundo pueda ser cambiado.

Pero nuestro objetivo aquí no es penetrar en esa casa de los horrores, sino comprender la naturaleza misma del sufrimiento para encontrar una actitud que nos ayude a amortiguar su impacto. En todo caso, definir lo que entendemos por sufrimiento no parece nada fácil tal vez porque, al fijarnos en las situaciones complicadas, escabrosas o traumáticas que lo envuelven, perdemos la esencia invisible de su idiosincrasia. Sufrimiento (*duhkha*) es la angustia existencial que nos mantiene intranquilos, una insatisfacción profunda que surge desde la resistencia y negación al devenir de la existencia, en definitiva, un sentimiento de limitación que no nos deja vivir en paz. Sin embargo, lo extraordinario que vemos en el ser humano es que podemos vivir una misma circunstancia desde innumerables formas de sentir. Unos sienten vértigo ante la altura a la que otros llegan escalando con entusiasmo paredes verticales. Hay quienes huyen angustiados de la soledad mientras otros la aceptan con agrado; una mayoría que entra en pánico ante la presencia de la muerte, en contraste con algunas personas que se entregan a ella con fe y total confianza.

Aflicciones

¿Cómo es que tenemos registros vitales, afectivos y cognitivos tan dispares a la hora de sentir? Parece ser que sufrir no está determinado por lo que sucede, sino por cómo vivimos eso que está aconteciendo. Pero lo que no cabe ninguna duda es que el sufrimiento no es pura casualidad ni un castigo divino, sino que tiene unas causas, causas que pueden ser estrictamente personales, formar parte de los grupos con los que estamos vinculados o estar entremezcladas con la sociedad en la que vivimos.

La buena noticia que nos trae la filosofía profunda es que hay una salida al sufrimiento, un escape consciente a ese plus emocional que añadimos a una gran mayoría de situaciones que vivimos. Nos lo decía Patañjali en uno de sus *sutras* cuando recordaba que hay que erradicar el sufrimiento venidero que todavía no ha llegado. Asimismo, Buda establecía como fundamento de su enseñanza las Cuatro Nobles Verdades, donde reconocía la existencia, las causas, el cese del sufrimiento y el camino que conduce a su extinción. De una forma u otra, los sabios han discriminado la franja que separa el dolor del sufrimiento. Sri Nisargadatta recordaba también que el dolor es del cuerpo y el sufrimiento de la mente. Aseguraba que más allá de la mente no hay sufrimiento y que el dolor es esencial para la supervivencia del cuerpo, pero nadie nos obliga a sufrir.

Hay una salida, decíamos, pero para encontrarla hay que cultivar el arte del acecho. Todo buen cazador debe primero conocer los hábitos de la presa si quiere cazarla. Hace falta paciencia, perseverancia y mucha indagación para pillarla desprevenida. Gran parte de nuestro proceso meditativo consiste en eso, en indagar qué hay detrás del sufrimiento que padecemos. Una visión superficial sobre nuestros padecimientos intentaría cortar por lo sano los síntomas molestos y, por poner algún ejemplo, creer que rompiendo una relación afectiva o cambiando de trabajo puede desaparecer el sufrimiento que nos traen. Y no digo que no sea inteligente hacerlo, pero no sería del todo sabio si no revisáramos el patrón emocional que nos lleva a la incomunicación o el malestar que sentimos por invertir en una profesión exitosa dándole la espalda a nuestra verdadera vocación. Cortar la planta del sufrimiento sin extraer las raíces no la elimina, sino que la posterga, incluso la fortalece, como bien sabe el jardinero cuando hace una poda. La planta del sufrimiento puede estar aparentemente dormida, manifestarse atenuada, aparecer de forma alternante o directamente irrumpir con total exaltación dejando un gran impacto de dolor y malestar, en uno mismo, y también frecuentemente sobre los que tenemos alrededor. Sufrimiento que puede durar horas, días o permanecer durante toda una vida, con mayor o menos intensidad. No deberíamos confiarnos si nuestra vida transcurre de forma benévola porque hay semillas que aguantan años en el desierto hasta que una lluvia ligera las hace florecer de nuevo.

Ignorancia

La raíz principal del sufrimiento humano es la ignorancia (*avidya*), que, evidentemente, no tiene nada que ver con tener más o menos información o estar bien o mal instruido, sino con una confusión en la misma concepción de la vida como lo es perder la salud por ganar algo más de dinero, querer comprar el amor con regalos caros o fantasear que el gordo de la lotería nos llevará directamente a la felicidad. Pero salvando estos tristes tópicos, la confusión más difícil de salvar es creer que somos lo que sentimos y pensamos, una especie de amalgama entre cuerpo y mente barnizada de ese deseo inconfesable de querer tener la omnipotencia de un dios creador. No, el yo no es el Ser. Nuestro carácter o nuestra personalidad no tienen alma, pues son estructuras que facilitan el sentir o estrategias de funcionamiento en la esfera social, pero que no emiten la luz que emana de la consciencia, son solo puentes en las relaciones o redes de comunicación.

Creemos que somos lo que vemos en el espejo, la información que nos dictan nuestros sentidos, lo que los demás creen acerca de nosotros y lo que se filtra a través de nuestras creencias. Pero no sabemos lo que verdaderamente somos porque nuestra comprensión de los procesos vitales es débil, y la relación entre causa y efecto se hace, por momentos, evanescente. Sufrimos de literalidad porque nos asusta nadar en la profundidad que nos habita y aceptar, en la penumbra de nuestro interior, que somos mucho más ambiguos, más salvajes, más irracionales, más incrédulos y más desconfiados de lo que estaríamos dispuestos

a firmar en una tarjeta de visita. Correr el velo que no nos deja
ver claro implicaría ir más allá de lo inmediato, más lejos de lo
subjetivo y más profundo de lo aceptado socialmente. Y, claro,
esto implicaría pagar un precio... que no todos estaríamos dispuestos a costear.

Somos ilusos cuando queremos que la juventud se alargue
indefinidamente, que nuestro trabajo sea estable de por vida, que
nuestra relación sentimental no pase por crisis periódicas o que
nuestros hijos no sufran los sinsabores de la vida. El animal que
rebuzna que llevamos todos dentro, es decir, nuestra conciencia
ordinaria, tiene unas anteojeras que le impiden ver claro más
allá de la siguiente pisada, y se mueve en círculos creyendo que
va a alguna parte. El descuido, la falta de atención, la creencia
ciega, la robotización, la obcecación, la desidia, pero sobre todo
la pereza de ir hacia dentro que los antiguos llamaban *acidia*,
conforman el terreno fértil donde anidarán otras pasiones que
avivan nuestro sufrimiento. Este asno que, por momentos, puede
ser simpático y desenfadado, iluso y confiado, pero también
cabezota y refunfuñón, se mueve porque persigue una zanahoria
o tal vez porque escapa del palo que lo amenaza. No conocerse,
no tener un propósito vital que nos guíe, no decidir por uno
mismo y no ser responsable de nuestros actos conforma esa
ignorancia que cree que con los ojos cerrados se vive mejor. La
verdadera ignorancia está en el desconocimiento de la misma,
en no conocerse a sí mismo.

Individualismo

De igual manera que tenemos un yo físico que viene de serie, nos guste o no, a través de nuestra genética y las primeras impresiones del ambiente y el cual se estructura en torno a un hábito corporal que los antiguos denominaban temperamento, también tenemos un yo psíquico mucho más dúctil que, en parte, se aprende y nos indica cómo debo sentir (carácter), para luego actuar lo más adecuadamente posible en lo social y que podemos llamar personalidad. Recordemos que persona es un vocablo latino que significa: la máscara del actor.

En el fondo el yo, sea visceral, afectivo o cognitivo indica la necesidad de un centro. La vida se estructura a través de un núcleo, una fuerza que nos aglutina y una periferia desde donde articular los intercambios vitales. Hasta la célula tiene núcleo y membrana. Por tanto, la construcción de una individualidad es sana y necesaria. Necesitamos de un yo que se ponga al mando de nuestra embarcación para hacer los virajes necesarios y no encallar en los acantilados. Y tanto nos hace sufrir la debilidad de un yo que se siente aplastado fácilmente por el mundo como la de un ego hipertrofiado que se muestra engreído y despreciativo con todo aquel que se cruza en su camino.

No podemos vivir sin autoestima, el amor a uno mismo es deseable. Podríamos decir que somos dignos de ser queridos y de ser respetados como cualquier persona, y hay que decir bien alto que hay que respetar a todo ser, sea persona, planta o animal. Dios creó a todas las criaturas con amor y bondad diría san Francisco de Asís.

Sin embargo, el exceso del yo (*asmita*) tan encumbrado hoy en día y que lo identificamos como individualismo, tiene muchas caretas. Una de ellas es la del orgullo. El orgullo aparece como enmascaramiento de una carencia interna no aceptada. Presumimos de lo que carecemos y nos inflamos de nosotros mismos tomando partido por una imagen glorificada y un tanto subjetiva que no se ajusta a la realidad. El orgulloso no necesita a nadie para llenarse de aire, a diferencia de la persona vanidosa que lucha desesperadamente para ser admirada. El orgulloso da por hecho que es superior, mientras que el vanidoso, más efectivo, escala hasta conseguir la excelencia. Ambos desplazan su centro a la periferia porque no les gusta «eso» que hay en las interioridades.

En el Tao Te Ching leemos que «quien se alza de puntillas no se yergue firmemente. Quien se apresura no llega lejos. Quien intenta brillar vela su propia luz». Basta una observación meticulosa del carácter humano para entender que cada vez que nos jactamos, nos vanagloriamos y nos mostramos altaneros y arrogantes vamos directos a una soledad no elegida. Querer tener la razón a toda costa, barrer siempre para la propia casa, ponerse el primero y repartir de forma desigual alejará a nuestros amigos y... hasta a nuestros enemigos. «El orgullo engendra al tirano», recordaba Sócrates.

Vivimos en una sociedad que le ríe las gracias al individuo. Este se ha convertido en un objeto de lujo, que produce primero para consumir después marcas glamurosas para sentirse especial. Si traemos a colación el mito, Narciso se mira en el espejo hechizado del lago y pretende amarse solo a sí mismo para escapar de las posibles trampas del amor, sin darse cuenta de que la mayor cárcel es la esclavitud de la propia imagen.

Pero el exceso de un yo arrogante nos desconecta de la tierra, del humus que está en la base de la palabra humildad. En el individualismo solo escuchas el eco de tu propia voz; en cambio, a través de la humildad te haces parte de un todo mayor, de una sinfonía a la que sigues sin desafinar.

Deseo

Estamos en la cultura del deseo y nos cuesta comprender lo que nos decían nuestros antepasados cuando argumentaban que habíamos de controlar nuestras pasiones si no queríamos que nos arrastraran hacia la desmesura. Sin embargo, el deseo forma parte indisoluble de la vida. El deseo es impulso, movimiento, anhelo, búsqueda o motivación. Sin deseo, la vida sería insulsa, monótona, simplona y con falta de miras. Batallar contra el deseo es luchar en vano contra el vendaval que arrecia en una dirección no elegida. Y más de uno preferiría perderse en la pasión antes que perderla de vista. El mundo se desvive entre los que desean mucho y los que no desean nada, entre los ansiosos y los desganados. El problema, creo yo, no está tanto en el deseo que nos atraviesa como en la fijación del mismo. El deseo es una fuerza que puede ser descomunal, casi inmanejable. La dificultad sobreviene cuando esa fuerza aterriza en un coche potente, un viaje extraordinario, una casa de encanto o una cara bonita, por citar lo convencional y, ¿por qué no?, también se cuela en cada uno de nosotros cuando queremos tener un gran conocimiento, conseguir una buena reputación o simplemente llegar a iluminarnos.

Empezamos a notar los estragos que deja el deseo (*raga*) en nosotros cuando cosificamos esa fuerza que viene desde un anhelo infinito de completitud y se posa –casi diríamos que lo hace a posta para tentarnos– en un objeto finito. Y, ya sabemos, la infinitud nunca cabe en lo limitado de nuestras tareas humanas. De tal manera que cuando, con mucho esfuerzo, conseguimos lo que deseamos, el deseo vuela, antes que después, hacia otras cotas más altas dejando un reguero de insatisfacción. Porque, no lo olvidemos, nuestros deseos forman parte de los énfasis que una sociedad marca como apetecibles. Ni siquiera elegimos de forma absoluta los soportes donde el pájaro del deseo anidará próximamente. Y esos soportes son, la mayoría de las veces, caros, inaccesibles o irreales. Por eso en la sombra que proyecta el deseo también tenemos el sufrimiento de la resignación formando parte del paisaje humano.

Lo que sentimos delante del deseo es una sed irrefrenable (*trisna*) que no se apaga hasta conseguir lo anhelado. Los senti-dos, secundados por la mente, revisten el objeto del deseo con una serie de atributos que lo magnifican por encima de los de-más y aparece la avidez y el ansia por conseguirlo. Sufrimos en la obsesión por adquirir el bien preciado, pero también por con-servarlo e impedir que se pierda, se estropee o nos sea robado, en el caso de ser una cosa, o que nos abandone, nos traicione o nos desilusione, cuando es una persona.

La codicia es una desmedida acerca del afán de conseguir unos bienes valiosos y la avaricia es, además, el desorden de atesorar lo conseguido sin compartirlo con nadie. Detrás de estos desenfrenos existe la falsa creencia de que el acumular bienes, tangibles o intangibles, nos dará seguridad y se apagará de forma permanente esa sed anhelante. Pero, como todos sabemos, el deseo es un pozo sin fondo, y uno quiere más y más porque la ambición de posesiones, de poder, de experiencias, es inextinguible. Después de una satisfacción momentánea, el deseo, sin lugar a duda, volverá a brotar.

Nuestra estructura psíquica no nos acompaña en esto, cuando hemos vivido una experiencia placentera queremos reproducirla a continuación, o lo más pronto posible, con un grave error de antemano, aquello que ocurrió en el pasado jamás volverá a suceder porque *uno es otro* y las situaciones siempre son cambiantes. Y, por tanto, el deseo no solo genera apego, sino también frustración, desilusión y rabia.

Para el budismo se llega al nirvana cuando se ha extinguido esta sed del deseo; para el Yoga se entra en la liberación (*kaivalya*) cuando el Ser (*purusha*) se ha aislado de su identificación con la naturaleza de la mente (*prakriti*). En todo caso, el camino es largo.

Aversión

Si el deseo tiende a expandirnos, la aversión, por contra, suele contraernos. Si aquel persigue de forma obstinada una experiencia placentera, este, en cambio, escapa irracionalmente de la experiencia dolorosa. Uno, como decíamos, persigue una zanahoria envuelta en el celofán de nuestras fantasías, el otro huye del palo cargado de nuestros más temibles temores. Como vemos, el margen de libertad es muy pequeño.

Cierto, somos seres vulnerables y nos sentimos desprotegidos, acusamos una gran sensibilidad y una gran mayoría de eventos nos desasosiegan, incluso, nos molestan, nos irritan y nos hieren. El cuerpo afectivo se protege, como es natural, pero las más de las veces llegamos hasta la desmedida con un exceso de aversión (*dvesha*) que no nos deja estar tranquilos y casi no nos deja respirar. Los otros que están al final de nuestro horizonte parecen reflejarnos todo aquello que no podemos reconocer en nosotros mismos. Gran parte del miedo que nos provoca la gente está dentro de nosotros. Enseguida nos sentimos amenazados.

Nos relacionamos con el otro como si fuera diametralmente opuesto a nosotros mismos. Nos mantenemos en una lucha de clases sociales; no nos entendemos bien con el otro género; nos incomoda la vitalidad del niño o la pasividad del anciano; nos sentimos extraños delante de otra raza; ignoramos a los que profesan otras religiones; nos asustan las personas con discapacidad mental; estigmatizamos a los que tienen una inclinación sexual diferente a la nuestra o llanamente criticamos a los extranjeros.

No hay más que ver de qué chistes nos reímos para ver dónde están nuestros demonios. Tenemos tan poco espacio interno de integración de la diferencia que vivimos congelados en un desierto interior.

Hay un proverbio árabe que dice: «Yo contra mi hermano. Mi hermano y yo contra nuestro primo. Nuestro primo, mi hermano y yo contra el vecino. El vecino, nuestro primo, mi hermano y yo contra el extraño». Sobran las palabras. La realidad se muestra tan inmensa, compleja y peligrosa que vamos de puntillas por la vida o bien armados hasta los dientes. Tenemos fobias a salir a espacios abiertos, pero también a quedar encerrados, a los truenos y a las alturas, a los perros y a los gatos, a todo lo que se arrastra y a todo lo que vuela. La lista es tan inmensa porque, en nuestra inseguridad, todo puede estar imbuido de un poder destructor. Vivimos en sociedades neuróticas y temerosas de todo lo que sobresalga por encima de la normalidad. Creemos que en medio de la gente normal no nos pasará nada y nos olvidamos de que muchos de los grandes depredadores humanos eran «gente normal» que decían buenos días cada mañana con una sonrisa de lado a lado.

Hacia el mundo externo, el rechazo a lo diferente puede coger tintes de etnocentrismo, xenofobia o, incluso, racismo. Y podemos pasar de actitudes de indiferencia hacia los otros que estigmatizamos de diferentes a la marginación y exclusión de sus grupos, hasta llegar a la violencia, persecución y, en el extremo, el exterminio. Podemos ser despiadados con los demás, pero también duros represores con nuestro mundo interno. Sospechamos de nuestras intuiciones, sensaciones o sentimientos que no cuadran con las certezas de nuestros razonamientos. Como bien saben los psicólogos, el yo defiende su equilibrio interior o su autoimagen de una realidad hostil a través de la racionalización, la negación, la proyección, la sublimación, la disociación y un largo etcétera de mecanismos de defensa. Si no lo consiguen, podemos caer en la depresión o, cuando menos, en la ansiedad.

En el fondo de la aversión hay un sentimiento de separación ante el Todo que nos rodea. En realidad, ese Todo te sostiene como te sostiene el agua del mar haciéndote flotar, basta relajarse para conseguirlo, pero cuando fantaseamos el negro abismo sin límite que tenemos bajo nuestro cuerpo, nos angustiamos, nos resistimos, luchamos con todas nuestras fuerzas contra esa bestia irreal hasta sucumbir bajo el agua. En esos momentos quisiéramos oír una voz amiga que nos susurrara: «No temas al universo. Expándete, tú también eres abismo».

Apego

La mayoría de nosotros creemos que nuestra vida comienza con el primer llanto y expira con el último estertor. Estamos tan identificados con este cuerpo y con esta mente, en este tiempo en el que estamos encarnados, que dudamos seriamente de la continuidad de nuestra conciencia más allá de la muerte. Por un lado, no tenemos evidencias de otra vida, y posiblemente, pensamos que las religiones han trampeado sus libros sagrados para inculcar al pueblo el temor a Dios para mantenerlo sujeto a una doctrina, entre el castigo eterno y el premio de un paraíso celestial. En todo caso tememos a la muerte, y mucho.

Nos produce desazón imaginar que la muerte puede ser como un pequeño clic donde todo desaparece: todas nuestras conquistas, títulos, posesiones, relaciones. Todo nuestro conocimiento, memoria, estilo de vivir...; todo desvanecido en un único momento. Quizá nos consuele la idea de ser admirados en un gran funeral donde se aireen nuestras virtudes y que, después, nuestra memoria perdure por generaciones, pero, evidentemente, esto es pura fantasía. Todos hemos vivido el teatro social de las últimas despedidas y es cierto que duele la pérdida de un ser querido, pero la vida se repone enseguida. No nos acordamos de nuestros muertos y, si lloramos, no es tanto por el difunto mismo, sino por el dolor que nos causa nuestro apego.

La muerte desbarata nuestro orgullo. Somos muy pequeños delante de la inmensidad de la nada. No está, pues, bajo nuestra voluntad, salvo en la desesperación del suicidio. A las puertas de la gran disolución, la muerte se vuelve cuestionadora. ¿Vivimos intensamente? ¿Hicimos concesiones vanas? ¿Estuvimos a la altura del amor que encontramos? ¿Supimos cultivar los dones que nos dio la vida? ¿Pactamos con la seguridad o tomamos el camino del riesgo? ¿La vida tuvo un sentido? La muerte nos pregunta a su manera, a veces silenciosamente, otras en medio del relevo que se dan los aguijones del dolor, pero siempre nos hace una última pregunta: ¿mueres en paz?

No sabemos qué sentiremos en el último momento. Mientras se desmorona el carácter, hay quien se agarra a las sábanas para no caer por el precipicio de lo desconocido, y hay quien se despide maldiciendo al negar lo que de veras está sucediendo, quien todavía da órdenes a los demás para dejar todo bien atado y quien hace su última función para mostrar a los demás cómo muere una gran persona. Pero la muerte no es un teatro, sino la verdad que aparece cuando se baja el telón.

La realidad es que todo lo que ha sido construido se desvanecerá. Nos recuerda el Génesis «que somos polvo y en polvo nos convertiremos». Quizá esa sea la gran enseñanza de la muerte, no somos nada y no somos nadie. Somos la vida misma en tránsito.

Ahora bien, tan real como la muerte es la misma vida. El miedo a la muerte tiene su reverso en el apego a la vida (*abhinivesha*). Esta vida que conocemos, que gozamos y que también sufrimos. De tal manera que aprendemos pronto el arte de preservar la vida con todo tipo de estrategias que nos brindan seguridad. Confiamos en nuestro instinto de supervivencia y le hacemos caso al miedo. Mejor bajar el potenciómetro de la vida, vivir a medio gas, con el mínimo de sorpresas y de riesgos, de aventuras y de incertidumbres. Pero, claro, no podemos aprender a morir, sino vivimos con plenitud. La vida no puede ser resguardada en una caja fuerte, empapelada con seguros de vida, detrás de una docena de cerrojos.

El sufrimiento sobreviene cuando todo cambio nos produce ansiedad, cuando el futuro está teñido de incertidumbres, cuando toda decisión nos recuerda que nos podemos equivocar. Nos apegamos a la vida porque nuestros sentidos nos dicen que es lo único real, pero nos equivocamos porque la vida es eterna. Lo que llamamos muerte forma parte del plan secreto de la vida. La vida se renueva a través de la muerte. Muere la célula para que el cuerpo sobreviva; muere la persona, pero el Ser sigue su camino. No nos queda otra que aceptar la naturaleza cambiante de lo que es, y para que nos quede claro tenemos la presencia ineludible de la muerte.

Comprensión

No hemos venido a sufrir, eso creo. La vida no es un valle de lágrimas, más bien una oportunidad de conocernos a través de las vicisitudes con las que nos encontraremos. No obstante, tiene el sufrimiento algo de reparador. Nos asfixia con una mano, pero nos impele a alzar el vuelo por encima de las circunstancias adversas. Nadie nace enseñado.

Desde la ignorancia nuestras acciones están cargadas de errores, y eso nos hace sufrir, pero al releer la misma experiencia, al sacarle el jugo a las consecuencias de nuestras acciones podemos volvernos sabios.

El individualismo es una ficción. Formamos parte de una familia, de un grupo, de una sociedad y de una humanidad. El yo es necesario como vehículo de la acción responsable, pues está en la base de la vida que nos ha sido otorgada y desde la cual tomamos nuestras decisiones. Pero poner al yo en un pedestal y llevar una vida inventada con todo tipo de atributos especiales es caminar por un terreno minado. La humildad coloca convenientemente al yo al servicio del Ser que somos.

El deseo desmedido produce insatisfacción, pero ella misma termina por echar abajo el castillo de ilusiones falsas. Moderar nuestras pasiones es la forma de desactivar las adicciones y una manera clara de encontrar la ecuanimidad en el hecho de vivir.

Con las aversiones pasa más de lo mismo: tras el miedo, la frustración o el dolor del rechazo se esconde el odio y el rencor, pero la violencia física o mental nunca es una solución. Abrir el corazón desde una actitud amorosa y comprobar que el otro no es tan diferente a ti mismo te lleva a desplegar la compasión sanadora.

Por último, el apego a la vida dificulta el mismo vivir. Si quieres aprender a esquiar, tienes que morder en algún momento la nieve, las arrugas muestran que hemos reído a carcajadas y las cicatrices de la vida son las señales de que nuestro guerrero interno ha estado en el campo de batalla. Estamos aquí para vivir, para consumirnos, para poner toda la carne en el asador, y para ello necesitamos confianza, total y absoluta confianza en que la vida conspira para nuestro despertar.

Meditando...

Sentado en meditación, no hago filosofía ni rumio las ideas, me basta con sentir. Cuando aparece algo que me aprieta el corazón, respiro. Cuando una sombra cubre mi sol interno, invoco a la claridad, y cuando crece en mí la planta espinosa del sufrimiento, ya no me entretengo en las circunstancias adversas que son meramente anecdóticas, sé que he de bucear en las raíces y descubrir si el veneno inoculado era de codicia, de odio, de ilusión, de miedo o de apego.

La primera estrategia es muy sencilla, basta con no regar con mis actos esas raíces. Toda planta que no es alimentada termina por desecarse. La segunda estrategia consiste en un fino discernimiento en el que poder separar la esencia de nuestro Ser de una identidad falsa.

Aunque, he de ser sincero, el tema no es nada sencillo, porque si hablamos del sufrimiento que atañe exclusivamente a uno, siempre podemos echar mano de la resistencia, de la paciencia o de la aceptación. Somos nosotros los que llevamos el timón del barco, aunque azote el temporal. Pero cuando atañe a una persona querida, un familiar, un amigo, incluso, una mascota, sentimos que estamos atados de manos. Sufrimos vicariamente, sufrimos por contagio o por amor, pero seguimos sufriendo.

Y en estas, el sufrimiento que peor llevo es el que recae sobre el oprimido o el marginado. Sé que no añado nada nuevo a esto, pero me hace sufrir el maltrato infantil, la violencia entre géneros, el abandono sistemático de las personas ancianas. Me duele el sacrificio animal y la quema intencional de los bosques. Me revienta la depredación de un mundo que está agonizando. Seguramente somos muchas las personas a las que nos duele el mundo, pero yo me pregunto en medio de la meditación: ¿en qué preciso momento de mis acciones sigo siendo cómplice de todo ello?

8. El rompecabezas de la mente

Conocemos mejor las lunas de Júpiter que nuestro cerebro. La complejidad del mismo es abrumadora. Tenemos entre ochenta y cien mil millones de neuronas con sus trillones de sinapsis. El cerebro se nos muestra como el gran desconocido de nuestra fisiología. Sabemos medianamente bien cuáles son las áreas que se activan cuando calculamos operaciones matemáticas, escuchamos música, olemos fragancias o planificamos eventos. Comprendemos que hay secuencias de neuronas que se disparan ante un estímulo, pero no sabemos muy bien cómo el cerebro almacena la información y la procesa, cómo accedemos a la memoria y cómo se nos ocurren nuestras ideas más brillantes. Aunque la duda más importante que tenemos es la relación estrecha entre cerebro y mente. ¿Diríamos que la mente es un epifenómeno que surge desde la misma estructura neuronal o nos aventuraríamos a decir que la mente, formando parte de una dimensión sutil y compleja, personal y colectiva, resuena en el cerebro como si fuera el órgano especializado que le da expresión?

La mente humana ha hecho gala de las más exquisitas obras de arte: sinfonías, catedrales, enciclopedias, poesía o cinematografía, por citar solo unas pocas muestras de la capacidad intelectiva del ser humano. Sin embargo, esta capacidad creativa brilla por su ausencia la mayor parte del tiempo. Nuestro cerebro percibe millones de *inputs* por segundo, pero solo utiliza aquello que le sirve para responder adecuadamente al medio en el que se mueve. Por ejemplo, percibe una necesidad como es la sed y da las órdenes para levantarnos de la silla, ir a la cocina, abrir el armario, coger un vaso, llenarlo de agua y beber. Parece muy fácil, pero esto ha llevado mucho tiempo de aprendizaje en nuestra más tierna infancia hasta convertirse en un hábito. Nuestro sistema aprende por ensayo y error, orientándose hacia el éxito de una acción y descartando los efectos desagradables de cualquier fracaso. Aprendizaje que se hace de la mano del lenguaje.

Lenguaje

El mismo lenguaje que aprendemos sin libros de texto y sin manual de instrucciones fuerza la visión que tenemos de la realidad. Aunque una fruta sea grande y otra pequeña, roja o amarilla, dulce o agria, todas ellas adquieren, misteriosamente para el niño, el nombre de manzana haciendo tabla rasa por encima de las enormes diferencias de sabor y color, tamaño y textura. Aprendemos enseguida que la mente tiene una función clasificatoria y está maleada por la normalización del medio social.

La mente busca, como es lógico, el camino más corto para conseguir el control y dominio de su medio ambiente. Se ha visto que niños muy pequeños podían diferenciar con claridad la cara de diferentes monos, en cambio, unos años más tarde, todos los monos les parecían iguales. Reconocemos mejor el rostro de personas de nuestro mismo grupo racial que de otras etnias. Evidentemente, la mente se especializa en lo que tiene en su entorno, si no es significativo, lo desecha; ahí radica su notable economía. Pero esta economía nos juega una mala pasada, vemos a través de categorías mentales y no nos paramos a observar cómo es la realidad que tenemos delante. Nos basta con clasificar la experiencia en *archivos* bien ordenados en el interior de nuestra psique; nos es suficiente con un mundo plano, tibio y sin profundidad, pero eso sí, siempre que prometa seguridad. Decimos bicho sin saber nada de insectos y pedimos un bistec sin saber qué animal comemos, en qué condiciones ha sido sacrificado y qué consecuencias tiene sobre el medio ambiente. Utilizamos el lenguaje a la ligera sin percatarnos de la impronta clasista, sexista, racista o discriminatoria que nace entre sus fonemas. Más bien parece que el lenguaje es el que nos dicta cómo hemos de interpretar la realidad y qué es lo conveniente que hemos de decir. El lenguaje sirve para desvelar la realidad, para incidir sobre ella, para utilizarla según nuestras necesidades, pero, evidentemente, no todo puede ser expresado con la lengua. Shakespeare decía que había más cosas en el cielo y en la tierra de las que pueda soñar tu filosofía. Y esta es una de las primeras comprensiones: la realidad es mucho mayor de lo que está recogido en nuestro diccionario.

Realidad

Poco a poco nos damos cuenta de que todos los fenómenos son mentales. Mires donde mires, por debajo o por encima, hay una capa mental que lo tiñe todo. Aunque parezca mentira el color negro del sombrero, el rumor del viento en las ramas del árbol, el gusto de la canela en el arroz con leche, la caricia sobre el lomo del gato o el perfume de las rosas del jardín están sutilmente interpretados por nuestras categorías mentales. Interpretamos, sin pretenderlo, la mirada, la sonrisa, el abrazo y la forma de hablar de la persona que tenemos delante. Incluso, podríamos afirmar, que no vivimos en la realidad tal cual es, sino en la realidad que recrea nuestra mente.

Estoy, en estos momentos, viajando en tren y tanto el paisaje externo, las montañas, los ríos o los edificios, como el paisaje interno, sensaciones, emociones o pensamientos..., se mueven. La conciencia emergente apenas fija algunas imágenes externas o percepciones internas y atina a asignar una categoría: bello, aburrido, indiferente, interesante, repulsivo, etc., para poderse orientar con más facilidad, pero el resto, casi infinito, de lo que acontece (insisto, por dentro y por fuera) desaparece como desaparece un remolino de agua por el desagüe.

Estamos en medio de la realidad, una realidad que simplificamos hasta hacerla casi plana para que parezca conocida, amable y segura, aunque intuyo que *eso* que percibimos de la realidad no es bien bien la realidad, sino una mezcla entre realidad y ficción, donde lo proyectivo se muestra con generosidad.

La Realidad (así con mayúscula) es lo manifiesto, pero también lo potencial; es lo visible, pero incluye lo invisible; abraza lo cercano y lo lejano. Abarca no solo esta dimensión de vida que conocemos, trasciende lo tangible y va mucho más allá de lo que atañe a lo humano. No hay que pensar más que en un virus, insignificante e invisible, puede poner patas arriba a toda una civilización a través de una pandemia.

Cierto es que no vamos a ciegas por la vida, nuestros sentidos son hábiles para captar las formas y los movimientos, los aromas, los sabores y las texturas, pero por arriba y por debajo del umbral sensitivo, personal y de especie, se vuelven invisibles.

Para el trajín humano, lo que hay más allá de los sentidos se vuelve desechable, pero ¿estamos tan seguros de que no nos afectan en absoluto? Confundir la información sensorial con la realidad puede llevarnos a errores garrafales.

Nuestra realidad es una franja, seguramente estrecha, dentro de la Realidad, pero parece que no es suficiente para amordazar nuestro miedo, para disolver nuestra inseguridad o para reforzar nuestra vulnerabilidad. En nuestro interior *algo* se pone en alerta porque la realidad nos supera por todas las esquinas. Nos defendemos de tal inmensidad con burdos mecanismos de defensa, visiones simplificadoras y creencias limitantes. Abrirse a esa infinitud no debe ser nada fácil. En todo caso, la realidad siempre se impone y cualquier gesto de soberbia puede colocarnos en una posición demasiado inestable. ¿Qué sabemos de la realidad?

El cielo azul que observamos alegremente cada día es una ilusión óptica, muchas estrellas que titilan en el cielo no existen, la percepción sensorial de que la tierra que pisamos está quieta es errónea. La materia no es sólida, el tiempo no es lineal, el espacio no es uniforme, los continentes no son estables y el yo que interpreta la realidad es un constructo mental, pura ilusión. Una ilusión que podríamos decir útil, que nos ayuda a manejar la realidad de forma más o menos efectiva y que consensúa una visión con otros que viven en nuestro mismo horizonte social. Tal vez si despertáramos de esta ilusión, nos podríamos volver locos, aunque si persistiéramos en esa locura, como diría Oscar Wilde, nos volveríamos sabios.

Seguramente vemos la realidad a través de unos marcos de referencia, de creencias estructuradas alrededor de paradigmas, de cosmovisiones con pinceladas filosóficas y supersticiones al uso que intentan explicarnos cómo es el mundo y cómo somos nosotros, qué podemos y qué no podemos esperar de nuestros actos. No somos capaces, todavía, de vivir en la intemperie del misterio, necesitamos una ficción para humanizar nuestra vivencia, un relato apaciguador, de la misma manera que le contamos a nuestros hijos un cuento con final feliz para conciliar beatíficamente el sueño.

El problema reside, y en la meditación nos daremos cuenta de ello, en que esa torre de ficciones que nos ha arropado durante tanto tiempo y que ha expiado nuestras culpas, que ha restañado nuestra autoestima, que ha respondido de cualquier manera a nuestras incertidumbres, se ha quedado estrecha. Esa torre de cartón piedra que nos protegió media vida, hace tiempo que nos viene asfixiando. Nos encontramos con el mismo dilema que el pollito que tiene que derribar su casita blanca de calcio si quiere seguir creciendo. Y este es uno de los riesgos de la meditación, quedarse sin el techo protector de una concepción del mundo por obsoleta, cuando todavía no tenemos los planos de una nueva construcción.

La meditación atrae un rayo intuitivo cuyo fogonazo alumbra mejor la realidad, pero también ilumina los cimientos carcomidos de una construcción moral ya caduca. De momento, nos deja en cueros, sin protecciones ante la incertidumbre, sin muletillas salvadoras, sin respuestas convincentes. Al aumentar la luz de nuestra conciencia vemos más horizonte de realidad, pero ahora, ¿qué hacer con ella?

Parloteo

La realidad interpretada campa a sus anchas por nuestra esfera mental. Sin embargo, todo es funcional mientras el yo ejecutivo responda a las necesidades específicas que tenemos en este momento. Ahora bien, todo se complica cuando queremos permanecer en calma y en silencio. Nuestra mente no responde tan eficazmente como lo hace nuestro cuerpo, que permanece quieto cuando no le ordenamos ninguna acción. La mente está procesando todo el tiempo pensamientos e imágenes, recuerdos y fantasías. De tal manera que la cabeza se nos calienta de tanto pensar sin querer pensar. Todos hemos experimentado que los pensamientos aparecen sin ton ni son, como si algunas ideas nos colonizasen por arte de magia. Si bien el cuerpo tiene una tendencia que podemos observar en el hábito corporal, como podemos ver, por ejemplo, en una persona con el pecho hundido, los hombros subidos, la mandíbula tensa o las caderas rotadas, la mente, aunque invisible, también tiene un deje, un sesgo, una forma peculiar de interpretar lo que experimenta. Estamos condicionados, sin duda, y buena parte de este condicionamiento tiene que ver con una gran plasticidad neuronal, sin la cual difícilmente sobreviviríamos. Cada experiencia, nos dice el Yoga, deja una impronta (*samskara*) en nuestra psique que, repetida una y otra vez, se puede convertir en un patrón de conducta (*vasana*), llevándonos a un hábito que reforzará nuestra peculiar forma de funcionar en la realidad.

Pero, la más de las veces, la mente es reactiva y su pensamiento, estéril. La tradición budista habla de la mente del mono que no para, pues va de rama en rama sin ningún objetivo aparente. Un mono enloquecido que no puede detenerse. Un simio loco que no atiende a razones, un aspirante a *sapiens* que no quiere ser maniatado ni amordazado. Sin embargo, el parloteo incesante de nuestra mente nos da un diagnóstico fiable: estamos enfermos de agitación y confusión. Hay que tomar medidas.

Observación

Intentar sujetar por la fuerza el pensamiento errático es imposible, pues tras unos momentos de contención la mente vuelve a estar incluso más alterada. ¿Qué podemos hacer cuando, en meditación, la mente está tan agitada que los pensamientos no paran? De entrada, hay que cultivar la paciencia y darnos un tiempo dilatado para que la mente se sedimente. La postura meditativa está diseñada para disminuir el flujo de estímulos que nos llegan. La inmovilidad de la postura, la búsqueda de la interiorización al cerrar los ojos, la habitación en silencio y en penumbra, la ausencia de necesidades fisiológicas que previamente hemos resuelto, entre otros, cercenan la entrada de nueva información sensorial. Poco a poco, el torbellino mental va amainando, pero esta breve calma es frágil. Necesitamos algo más contundente. El arte de la observación puede dar dulces frutos.

Observar los pensamientos no es nada fácil porque estos vienen cargados de razones, excusas, curiosidades, ofensas, recuerdos, elucubraciones, entre muchas otras capacidades mentales, con las que estamos bien identificados y terminan, bien pronto, por arrastrarnos con ellas. Empezamos pensando tontamente «¡Qué color más bonito tenía el vestido de la amiga con la que cené ayer!» y, sin darnos cuenta, estamos en medio de un desierto a punto de perecer bajo una tormenta de arena. Si pudiéramos seguir el hilo conductor que va del vestido a la tormenta pero en sentido inverso, nos daríamos cuenta del condicionamiento bien curioso de nuestra mente.

Este es uno de los grandes descubrimientos de la meditación, nuestra mente está profundamente condicionada. Al ser conscientes de nuestras identificaciones que vamos observando, podemos remontarnos a las condiciones vitales que crearon esa identificación y percibir el mundo afectivo que las sustentaba. Hay que decir que, cuando observamos el mecanismo automático de nuestro pensar, algo se desactiva. Al estar atentos conscientemente, no dejamos que el mundo inconsciente gane terreno. Observar el pensamiento como pensamiento nos desidentifica del mismo y nos da un buen margen de libertad. No te podrías comer una caja entera de bombones de una tacada, pongamos por caso, si eres consciente bombón a bombón. Tendrías que estar en un estado alterado para darte semejante atracón. Cuando observamos pensamiento a pensamiento, se produce un cortocircuito en la cadena automática del pensamiento. Aparecen pensamientos, por supuesto, pero como nubes solitarias en el cielo que no pueden formar una tormenta amenazadora. No obstante, para desarrollar este arte de la observación se requiere una cierta calma que no siempre está a nuestro alcance.

Sujeción

Una de las versiones más difundidas y aceptadas de la Doma del Buey dentro del budismo zen corre a cargo del maestro Kakuan Shien (siglo XII). A lo largo de diez etapas, el campesino que representa nuestra incipiente consciencia, tiene que iniciar la búsqueda del buey, perseguir sus huellas, descubrirlo, capturarlo, domarlo y montarlo hasta trascenderlo, olvidarse de él, percibir la vacuidad y la totalidad, y por fin, sin signos de santidad, volver a la plaza del mercado con la sonrisa en los labios y el corazón desnudo. Es extraordinaria la poesía zen para describir los matices del proceso de iluminación.

El buey representa nuestra mente todavía sin domesticar y sin cultivar, a veces salvaje e instintiva, otras, normativa y robotizada. Ya nos hemos dado cuenta de que nuestra mente pone sus cuernos en todo lo que pisa y en todo lo que huele. Porque la mente está programada para sentir lo que se presenta como agradable, desagradable o indiferente. Y, como ya sabemos, el instinto del buey es acercarse a la hierba fresca del prado, alejarse del trueno de la tormenta o ignorar al campesino que le está buscando desesperadamente.

El campesino utiliza el lazo para capturarlo cuando el buey se escapa inquieto por los acantilados. En Yoga diríamos que la mente está en un estado rajásico (*rajas* es uno de los tres *gunas*, una de las energías primordiales de la naturaleza). Un estado que en disfunción se manifiesta como agitación, pasión, ansiedad, dispersión u obsesión, entre otros. Cuando en plena meditación nos encontramos con esta mente agitada, utilizamos el lazo; esto es, intentamos sujetar la mente a través de la concentración.

Es lo mismo que hace un marinero cuando el viento sopla fuerte, tira el ancla para no ser arrastrado por las olas. Si somos capaces de poner nuestra atención en un único objeto, estaremos haciendo lo que hace el campesino, inmovilizarlo con el lazo y llevarlo de nuevo al redil. El objeto que utilicemos para aumentar nuestra concentración no puede ser un soporte que estimule nuestro deseo, que provoque rechazo o que nos sea completamente anodino porque estaremos reforzando la programación primitiva de nuestra psique: perseguir lo placentero, alejarse de lo doloroso e ignorar lo indiferente. Lo ideal es que sea un objeto (que puede ser externo o interno, tangible o intangible) agradable, pero, sobre todo, que tenga capacidad de evocar un estado de mayor integración con uno mismo. Por ejemplo, si nos concentramos sobre una flor de loto, por poner un símbolo por todos conocido, nuestra mente se centrará con mayor facilidad. No solo nos acompañará la belleza de la flor y la quietud del estanque, también la comprensión de que, aunque nuestras raíces se asienten en el fango del lago (mundo), podemos alcanzar la luz del día (iluminación) y aprender a florecer. Hay innumerables soportes, como veremos más adelante. Muchos tienen un carácter universal, otros están más centrados en una cultura o tradición religiosa, pero la elección tiene que ser, a todas luces, personal.

Para salir del torbellino de la mente, necesitamos un soporte donde fijar nuestra atención. En un principio, esta concentración requiere de un cierto esfuerzo para no salirnos del área del objeto meditativo reprimiendo los demás estímulos. Pero en la medida en que la interacción con el objeto se hace más profunda, llega un momento en que se establece una simbiosis donde no hace falta poner más tensión mental. Nos pasa en las situaciones extraordinarias de nuestra vida que la mente queda completamente concentrada como cuando el niño abre el paquete donde está envuelto su juguete favorito, cuando bajamos a toda velocidad por la montaña rusa o en el mismo encuentro de dos enamorados. No hay palabras, solo la intensidad de la concentración. Pero, claro, no tenemos a mano estas situaciones extraordinarias en el bolsillo de la chaqueta, debemos, muchas veces, nadar contracorriente y ser capaz de calmar nuestra mente, tenemos que saber estar en los altibajos de la vida.

El buey puede hacer de las suyas. El campesino sabe que si tira demasiado del lazo puede enfurecer al animal, pero si es demasiado débil, el buey se escapará. En meditación no conseguiremos nada haciendo un esfuerzo tremebundo para sujetar la agitación mental. A veces hay que soltar un poco, y otras, sujetar fuerte. Lo importante es que la agitación se desvanezca y encontremos un poco de alivio que nos dé paz.

También podemos encontrar al buey en otro estado. Tumbado en el camino, medio adormilado, sin fuerzas para levantarse y continuar el sendero. Es entonces donde el campesino saca el látigo y lo azota. Nuestra mente puede estar en un estado *tamásico* (*tamas* es otro de los *gunas*), y manifestarse disfuncionalmente como pereza, torpeza, duda, confusión, indiferencia, sopor, cansancio, embotamiento, etc. Son esos momentos en meditación en los que hemos perdido la frescura y la atención, la motivación y la claridad. El látigo está para despertarnos, para azuzar nuestra conciencia. Entonces no fijamos la concentración en un solo objeto, sino que permanecemos alertas momento a momento, atentos a lo que acontece, abiertos al flujo de los fenómenos. Sin apegarnos a nada como cuando estamos suspendidos nota a nota en una bella melodía.

El campesino utiliza las dos herramientas. Utilizar solo el lazo de la concentración profunda calmaría al buey, pero tal vez demasiado, dejándolo inerte y paralizado. Por el contrario, utilizar solo el látigo del flujo flexible de la atención mantendría al buey despierto, pero, tal vez, demasiado vulnerable e inestable. Por eso, al igual que al montar a caballo, hay que aprender a soltar o tirar de las riendas dependiendo de la naturaleza del animal. En Yoga, tenemos a *sattva* (el tercer *guna*), que implica equilibrio, armonía y claridad. Cualidades a desarrollar en plena meditación.

En el *Libro del Sendero* (*Tao Te Ching*) se dice: «Los antiguos Maestros eran cautelosos como quien cruza un arroyo helado; alertas, como un guerrero en territorio enemigo; atentos, como un huésped; fluidos, como el hielo derritiéndose; modelables, como un leño; receptivos, como un valle; claros, como un vaso de agua». Esta alerta, atención y claridad es la que aplicamos en meditación para lograr estar presentes.

Ahora bien, el objetivo último de la meditación no es conseguir meramente un estado de calma. Esta serenidad es condición necesaria para poder observarnos con una mayor claridad. Nos sentamos a meditar porque en medio del ajetreo cotidiano de nuestro trabajo y relaciones se vuelve muy difícil entender qué nos está ocurriendo. Nos retiramos del mundo a un lugar tranquilo, sea nuestra habitación o un rincón en la naturaleza, precisamente para tener mejor perspectiva para indagar. No solamente buscan calma los meditadores, se rodean de un ambiente tranquilo la mayoría de escritores, artistas o científicos, pues la creación requiere despejar el caos que nos puede invadir.

Meditando...

Meditando, como muchos, me doy cuenta del poco control que tengo sobre mi proceso mental. El mono salta de rama en rama como ya hemos visto. Sin embargo, la mayoría de las veces, no me enfurezco. No serviría de nada. Le dejo hacer. Creo firmemente que, después de una cierta catarsis, la mente se empieza a relajar. Observar, en la medida de lo posible, el desespero del pensamiento que va desde la preocupación a la fantasía, pasando por la negatividad o la duda, nos permite entender mejor cómo de condicionada está nuestra mente, la observación tiene la habilidad de quitar la mano de la manivela de la neurosis para que, como el torno del ceramista, se vaya deteniendo poco a poco. No hay prisas.

No obstante, a veces la atención no puede con las oscilaciones de la mente que están exaltadas y, como hemos visto, intento recurrir a otras estrategias. Cambiar el foco de mi atención puede ser más eficaz. Llevo entonces la atención a las sensaciones corporales para sustraerme del pensamiento peregrino. Si recorro meticulosamente mi cuerpo percibiendo los matices de calor y frío, dureza y blandura, placer y dolor, aparece otro mundo, el sensorial, que solo se puede percibir en el momento presente.

Una vez que he mareado un poco al mono de la mente con las estrategias de concentración, me centro en la atención respiratoria, porque el aliento fluye constantemente y su movimiento es más fácil de percibir. Sentir el flujo respiratorio, cómo roza el aire en la entrada

de la nariz y cómo se mueve el vientre en una ola rítmica va apaci-
guando mi agitación mental. Y, no solamente eso, pues la respiración
me conecta con la vida, con lo no conceptual, con lo real y con la vivencia en oposición a la cavilación del pensamiento.

Sin embargo, incluso el manejo de las velas del barco, por poner
una metáfora, se hace inviable cuando arrecia la tormenta. A veces la
dispersión es de tal calibre que necesitamos además de la respiración,
más herramientas para frenar el tiovivo de la mente. Cuando la es-
pesura mental es asfixiante, se vuelve necesario pedir ayuda, aunque
esta ayuda surja de nuestro interior. Las primeras veces que me subí a
un avión me fascinó lo rápido que pasábamos de un día gris a un cielo
completamente luminoso. Bastaba con atravesar la capa de nubes. Y
esta imagen me ayuda, en los momentos más turbios, a reconocer
que por encima o al fondo de la capa de pensamientos permanece la
luminosidad del Ser que somos.

La manera que tengo de invocar a la luz de la conciencia es a través
del poder de la *mudra*. Las manos tienen una sensibilidad extraordinaria y son fácilmente accesibles a nuestra atención. Las manos son una
bendición, despiertan todo lo que tocan cuando la intención es amorosa.

Observación, recorridos, respiración, gestos simbólicos... y cientos
de técnicas más que han elaborado la rica tradición meditativa para
dar un poco de paz a nuestro mundo interior. Entre ellas, hay una que
me conecta con lo más íntimo de mí mismo y que, durante muchos
años, me resistí a utilizar porque la consideraba demasiado banal o,
tal vez, poco profunda. Me refiero a la oración.

Cuando oras, al menos dejas de rumiar tonterías con la mente y te centras en la repetición de unas palabras que tienen un profundo significado para ti. Y esto fue clave en mi proceso. No estaba dispuesto a repetir oraciones provenientes de otras tradiciones por muy profundas que estas fueran, pero sí a establecer por mi cuenta una oración adaptada a lo que necesito recordar en este momento. El segundo obstáculo fue el de atreverme a pedir, colocándome en una posición de vulnerabilidad y destronando una falsa autosuficiencia. Pedir que se haga la luz, que amaine la tormenta interior o que se cumplan mis deseos más nobles requiere de mucha humildad. No siempre recurro a la oración, pero la tengo en mi kit de supervivencia espiritual y reconozco que hace milagros en mi disposición ante la vida.

9. La visión lúcida

Veíamos en el capítulo anterior la necesidad de calmar la mente, pues con tanto ruido interior no se puede observar nada con nitidez, y mucho menos a uno mismo. En la vida real necesitamos despejar las distracciones si queremos profundizar en la comprensión de cualquier objeto. Puede que nos baste con una percepción superficial, pero, la mayoría de las veces, nos dan gato por liebre cuando no hemos tenido el tiempo y la concentración suficiente para indagar en el objeto en cuestión. Por poner un ejemplo, alejado de la meditación, no es lo mismo ver el *Guernica* de Picasso de pasada en medio de los muchos visitantes que lo miran en el museo aclamado como un icono del arte del siglo xx que dejarse impregnar por él, por sus pinceladas, por el genio del pintor, por sus implicaciones en la guerra civil española, y mucho más allá, por los horrores de cualquier guerra.

Nosotros mismos miramos el cielo por la mañana y vemos azul o azul y blanco, y poca cosa más. Pero cuando un campesino, de los de antes, miraba el cielo, veía el incipiente cambio de estación, el avenimiento de una tormenta de verano o la promesa de una buena cosecha. La meditación no solo nos ayuda a cultivar la atención, nos aporta una información extraordinaria acerca de la realidad que tenemos delante. La mirada de una persona nos puede desvelar una intensa vida vivida; su pie desnudo, la certeza de una desviación de columna, o su escritura, el sesgo de su personalidad. Todo se refleja en todo si aprendemos el arte de ver.

Cuando, en la concentración profunda se rompen los esquemas culturales a través de los cuales vemos, analizamos y clasificamos un objeto, llegamos a saborear el mismo desde dentro. Alguien, por ejemplo, nos puede hablar horas y horas sobre una fruta exótica, y seguramente es una información válida para enterarnos de sus propiedades como formas de cultivo, conservación y usos culinarios, pero hasta que no la vemos, la olemos, la masticamos, la saboreamos, la comemos y la digerimos, en realidad, podemos decir que no la conocemos. La mente se puede alinear tanto con un objeto que, en su plasticidad, se impregna de sus cualidades y es como conocerla desde su misma esencia.

A otro nivel, imaginemos que dejamos aparte cualquier teoría moderna o antigua sobre la libertad y, más que repensarla, intentamos sentirla en nuestras propias carnes. No se trataría entonces de una especulación social o metafísica sobre la libertad, sino de una vivencia, como si pudiéramos conectar de forma empática con ella. No solo la conoceríamos en nuestro interior, sino que la podríamos reconocer fuera en el animal, el niño, el joven o el adulto cuando se mueve o cuando se expresa. Por supuesto que ambos abordajes son necesarios y complementarios.

Claridad

Pero ¿por qué nos cuesta tanto ver claro? ¿Por qué nos atascamos siempre en lo mismo? ¿Por qué no aprendemos de una vez? Seguramente, porque más allá de una fachada social de seguridad, nos movemos internamente sobre las arenas movedizas de la duda. Pensamos que nos despertamos cada mañana con la misma persona y que el camino por el que transitamos para ir al trabajo es el mismo. Pero en realidad todo está en permanente cambio y las respuestas aprendidas no se ajustan del todo a la realidad del momento presente. Pero sobre todo nosotros mismos estamos en continua transformación. La vida necesita respuestas creativas adaptadas al momento presente desde una profunda escucha y no respuestas prefijadas de antemano aplicadas con anteojeras. Los errores están en el horno a punto de servirse encima de la mesa.

Para ver claro hace falta empeñarse. No basta con abrir los ojos, es necesario ser conscientes de las causas y las consecuencias que dan realidad a lo que tenemos delante. Fijar la realidad en la foto instantánea de la mente es fuente de error, básicamente porque todo está en proceso, lento o rápido, visible o invisible, hacia el crecimiento o hacia el decrecimiento, pero con un metabolismo interno. Podríamos decir, sin temor a equivocarnos, que la realidad es compleja y se requiere un esfuerzo mayor de atención, o al menos una profundidad del alma para comprenderla.

Solo podemos encontrar claridad cuando hemos podido purificar la mente. El Ser que somos se expresa a través de la mente que, a su vez, ejecuta acciones a través del cuerpo. Si el cuerpo está enfermo o lleno de tensiones, difícilmente podrá realizar todo lo que le ordenamos. Pero un eslabón más arriba, si la mente está llena de complejos, fobias, inseguridades, deseos, prejuicios, estereotipos y un largo etcétera, la expresión del Ser estará oscurecida. Cuanto más sucio y empañado está el cristal a través del cual vemos la realidad, más deformación sufrirá esta. Uno de los síntomas de la ignorancia es este desconcierto y confusión que aparece como una especie de neblina que nos envuelve o una especie de velo que deforma la realidad que percibimos.

Creencias

Imaginemos que nuestro aprendizaje nos dice que el mundo es peligroso y, por supuesto, esto tiene visos de ser realidad en muchos momentos y en muchos lugares, pero no podemos permanecer en un estado de alerta y de temor todo el tiempo sin enfermarnos. Pongamos, por caso, que nuestra creencia favorita sea que la delicadeza y la ternura no sirven para funcionar en este mundo donde pensamos que hay que actuar según la ley del más fuerte. Cientos de creencias se cuelan en nuestro espacio interior como cuñas publicitarias a lo largo de nuestra vida. Y, claro, todos tenemos creencias no revisadas, como pensar que comprometerse trae problemas, que la gente es egoísta o mala, que nadie cambia aunque lo intente, que más vale acomodarse que luchar, que el dinero lo resuelve todo y que la felicidad vendrá de una situación externa. Todas estas creencias tienen un punto de verdad, pero, a todas luces, son ideas locas, descarnadas, sostenidas por el miedo, la superstición y la desconfianza y que, lamentablemente, nos pueden llevar al sufrimiento.

Decíamos, al inicio del libro, que la meditación alumbra un desmoronamiento interno. Caen creencias, visiones fijas de la realidad y mitos. Pero sobre todo lo que se derrumba es la solidez, la omnipotencia y la soberbia de un yo que creía ser dueño y señor del reino y se descubre incompleto, falaz, temeroso, inseguro e impotente. La observación rigurosa y constante que practicamos en la meditación nos lleva a reconocer nuestras falsas identificaciones. Identificarnos con una imagen, con unos gustos, con un estilo de vivir, con unas ideologías formó parte del proceso de creación de un yo fuerte para sobrevivir en un mundo social, sirvió para creernos alguien, quizá para ganar autoestima, para sentirnos poderosos, pero ese yo tiene poco que decirnos cuando queremos bucear en las aguas profundas de lo que somos. En parte el yo está cosido a retazos a base de reconocer lo que es propio de lo de otros, lo que es bueno de lo malo, lo que está permitido de lo prohibido, lo placentero de lo doloroso, lo que es amistoso de lo que es hostil. Y de esta forma, a trancas y barrancas, con estructuras morales, sobrevive. Se mantiene a flote porque pone límites, se desprende fácilmente de la responsabilidad, se atrinchera en su centro inamovible y se siente soberano. Se sostiene porque se refugia en su subjetividad y porque fantasea con ser eterno, aunque sea a través de su pre-

tendida popularidad y de sus pequeñas o grandes creaciones
socioculturales.

Buscador

Sin embargo, en meditación aparece una sospecha que nos deja
intranquilos. Si no somos ese que fantasea, que se autoengaña,
que falsea la realidad, ¿quiénes somos? ¿Quién soy yo de verdad
más allá de la imagen en el espejo, más acá de la autoimagen
mental o al otro lado de la consideración social? Probablemente
sea esta la pregunta fundamental que nos incita a recorrer un
camino de autodescubrimiento.

El primer paso de ese camino se llama insatisfacción, y el
segundo, conciencia de esa insatisfacción. Mientras el mundo
nos siga tentando y sigamos comprando alegremente baratijas
que prometen felicidad, es que continuamos anclados en la rueda
del sufrimiento. En medio del cauce del río de la normalidad no
hay fricción, creemos estar al abrigo de los sinsabores de la vida
de forma segura. Buscar algo más significa atreverse a caminar
por el margen de ese río donde desaparece el orden y aparece
el riesgo, se pierde la seguridad de rebaño para abrirse a la
incertidumbre personal y dejas de ser confiable para empezar
a ser sospechoso.

El caminante tal vez no sepa todavía lo que busca, pero sabe
lo que no quiere. Se aleja de una cordura insana para abocarse
a una locura que puede llegar a ser luminosa. El buscador sabe

que la verdad oficial trampea, que la historia está escrita por los vencedores, que los mapas mienten, que los valores no son universales, sino imperiales, que las instituciones legítimas están salpicadas de corrupciones, que la democracia es una ficción y que todos no somos iguales delante de la ley. La insatisfacción y el dolor de la injusticia nos impulsan hacia delante. Enseguida nos damos cuenta de que ese escenario del que huimos está dentro de nosotros. Nosotros llevamos el mismo virus que pulula en la sociedad. Dejándolo todo y marchándonos no resolvemos el problema, aunque alejándonos empezamos a ver otro horizonte posible. La solución está en indagar.

Discernimiento

La verdadera aventura de la vida no está en atravesar el Amazonas, subir al Himalaya o montar una empresa emergente, sino en ver quiénes somos sin caretas, sin artificios y sin engaños. Si seguimos indagando tendremos claro que no somos las sensaciones que provienen del cuerpo. Cuando pasa la tormenta emocional, nos damos cuenta de que las emociones nos zarandean, pero forman parte de un instinto adquirido. Cuando baja la efervescencia del enamoramiento, tomamos conciencia de que ese enamoramiento no es tanto propio como algo prediseñado que nos atraviesa para apagar la bombilla de la mente y encender las brasas del corazón. Se nos ocurren ideas ingeniosas que aparecen súbitamente sin formar parte de su más tierna elaboración. Soñamos y nuestros sueños parecen extraídos de cuentos mágicos e historias imposibles. Y hasta nuestras corazonadas son luciérnagas en la noche oscura del alma.

Entonces nos preguntamos: si no somos del todo las sensaciones, las percepciones, las emociones, los sentimientos, los pensamientos o las intuiciones que nos sacuden, atraviesan o nos visitan..., ¿quiénes somos? ¿Qué hay más allá del cuerpo o la mente? ¿Dónde reside nuestra esencia? Una forma de responder a estas preguntas es a través de la delicada delimitación entre objeto y sujeto. Yo, en el sentido más esencial, no puedo ser un objeto, sino, más bien, un sujeto. Si este sujeto fuera a su vez otro objeto, entonces ya no sería yo y tendríamos que encontrar detrás, o más al fondo, otro sujeto que fuera pura subjetividad que no se pudiera objetivar. La materia, grosera o sutil, no tiene capacidad de darse cuenta, nace o muere, se contrae o se dilata, se endurece o se sensibiliza, pero no es consciente. Por cierto, el dolor lo sentimos en el cuerpo, pero no está allí mismo, por eso cuando nos anestesian pueden rebanarnos la pierna porque el sujeto está dormido.

En el Yoga, que incluye la metafísica del *Samkhya*, admite dentro de la naturaleza (*prakriti*) la materia física como planetas o estrellas, agua o fuego, plantas o animales, pero también, aunque más sutil, nuestras emociones y pensamientos. Solo *purusha*, que es la conciencia o el espíritu, no es materia. En la medida que somos conscientes de las nubes, de las montañas y de los árboles que tenemos delante, sabemos, evidentemente, que no somos lo que vemos. Pero al ser conscientes de nuestras sensaciones, afectos y pensamientos, podemos intuir que están en la periferia del Ser. Son capas o dimensiones que dan forma a nuestra conciencia más esencial de la misma manera que, al quitarnos la ropa que traemos de trabajar, no dejamos de ser los mismos, o cuando ensoñamos, nos desembarazamos de las sensaciones corporales, y la vida onírica sigue su trazado sin el cuerpo.

Somos en verdad lo que se da cuenta de todo eso que flota en la consciencia. Somos, por así decir, el espacio donde flotan todas las cosas que sentimos y, por cierto, como metáfora, habitualmente percibimos los objetos que pueblan el espacio, pero no el espacio mismo que los contiene. Es precisamente a través de esta sutil discriminación, de este certero discernimiento (*viveka*), que podemos darnos cuenta de que el no-ser, aunque disfrazado de elegantes disquisiciones, ínfulas de poder, filosofías salvadoras o megalomanías varias, no es el verdadero Ser.

Testigo

Anteriormente vimos la necesidad de iniciar un camino de serenidad mental. A través de la calma pudimos no solo ralentizar el proceso mental, sino darnos la oportunidad de observar con profundidad y encender las luces del *darnos cuenta*. Y al preguntarnos «¿quién se da cuenta de esto?», tuvimos que tirar del hilo de la experiencia hasta ir más allá de ella, hasta el mismo Yo profundo que podemos llamar *Self*, Sí Mismo, Testigo, Vidente o, en terminología cristiana, más cercana a nuestra cultura occidental, Alma.

Lo podemos expresar en otros términos. Detener o suprimir (*nirodha*) las fluctuaciones mentales (*vrittis*) es una de las definiciones más conocidas acerca de qué es el Yoga expresada en el *sutra* 2 del primer libro de los *Yogasutras*. Está claro que las fluctuaciones mentales, especialmente las ordinarias, las de agitación y confusión, no nos ayudan a avanzar en nuestro proceso de autodescubrimiento porque nos generan distorsión. No obstante, es en el siguiente *sutra* donde encontramos el porqué de esta restricción que aplicamos sobre la mente. Pues entonces, nos dice el aforismo, el Testigo (*drastu*) se establece en su propia naturaleza. Es como si pudiéramos percibir la luz de la conciencia sin ninguna coloración de nuestra mente.

Si la mente fuera un espejo nítido que estuviera delante del Ser cuya función fuera reflejarlo, entonces cumpliría a la perfección con su función. Si, en estas, el Ser apagara la luz (de la conciencia), el espejo mismo no reflejaría absolutamente nada. Pero, por contra, si el espejo con el paso del tiempo (vivencias, alegrías y pesares) se llenara de polvo, se descascarillara o se abombara, el reflejo estaría apagado, incompleto o deformado. Haciendo una relectura de lo que busca el Yoga y la meditación, diríamos que las técnicas corporales, respiratorias y de concentración intentan purificar el cuerpo y la mente para que la expresión del Ser a través de ellos sea plena y brillante. Así de fácil de entender, aunque, me temo, difícil de llevar a cabo.

Cuando estamos en el Testigo, ya no estamos identificados con el proceso del pensamiento. Es un estado *trans-mental* que no necesita el análisis para comprender algo, basta la percepción directa para darse cuenta. Pueden aparecer algunos pensamientos como nubes en el espacio, pero, en este estado, hay la libertad de acoger la realidad desde múltiples puntos de vista sin estar encorsetado por los prejuicios o limitados por las creencias. Cuando vemos o sentimos algo por primera vez, estamos muy cerca de sentir esa libertad, pues la mente, por unos momentos, no tiene agarraderos donde implantar una identificación que le dé seguridad. Esta libertad se manifiesta como ecuanimidad, la capacidad de abrazar por igual los dos extremos de una misma ecuación de vida, sin tomar partido, sin preferencias. Solo la aceptación tranquila de la realidad. Ver lo que es la vida y lo que somos cada uno de nosotros sin añadir o restar nada.

Silencio

No obstante, el Testigo atestigua la realidad desde un silencio interior. Y para ello tiene que apagar o suspender, aunque sea momentáneamente, el yo narrativo de su mente. La ecuación es muy sencilla: si, al percibir la realidad, estoy junto, al lado o mezclado con la realidad toda, esta estará nuevamente teñida de alguna valoración propia y subjetiva. Es necesario disolverse, es conveniente entrar en un asombro tan grande que toda palabra se vuelva inoperante y que toda teoría quede desarticulada hasta quedarse con la boca abierta, impactados por la contundencia y profundidad de la realidad que nos rodea.

El silencio que aparece no es meramente el de las restricciones de las palabras, es un silencio mucho más hondo. No es la ausencia de voz, sino de juicios. Porque los juicios de valor funcionan a menudo como arma o escudo y funcionan, mal que bien, en el mundo que vivimos, pero no nos dicen mucho de la realidad, sino, más bien, de la propia, de nuestras valoraciones y prejuicios. Cuando percibimos, en el silencio, la luz serena que desprende la creación, nos damos cuenta enseguida de que no hay nada que añadirle. Enmudecemos junto a su grandeza y se instala en nosotros un silencio interno difícil de describir, puesto que está más allá de las palabras.

A la cotorra que parlotea todo el tiempo en nuestro interior le incomoda el silencio. El ego se construye con las estampas del pasado y los bosquejos del futuro. Para no caer en el vacío de la existencia, se repite todo el tiempo: «Soy fulanito o menganita, nací aquí y viví allí, luché mucho y soy buena persona». En realidad, el discurso que tenemos incrustado en nuestra memoria egoica es muy elaborado y está lleno de matices, justificaciones y pretensiones, aciertos y errores, premios y castigos, encuentros y desencuentros y, probablemente, mucha autoindulgencia. Al ego le molesta el silencio porque no tiene asideros ideológicos donde agarrarse. El silencio no tiene forma y por eso acoge a toda forma. La belleza del momento de quietud reside en la no discriminación de algo por encima de otro, sino en la confluencia de todo con todo.

Quizá la palabra más apropiada que podamos utilizar sea la armonía, en la que todas las partes participan del todo. La belleza de una sinfonía, la de un cuadro o la de una danza consiste en la adecuada relación entre la parte y el todo, yendo de lo particular a lo general y viceversa. Quedarse en silencio, sin palabras, nos convierte en el testigo de una danza que se realiza delante de nuestras narices. Es muy sutil, quizás, muy lenta o demasiado grande o infinitamente pequeña para apreciar todos sus movimientos, pero es una danza hipnótica que nos invita a participar de su expresión.

Cuando el poso mental se sedimenta y el agua de nuestra mente se vuelve transparente, la realidad refulge. Nuestra visión se hace, por momentos, infinita, y en esa visión sentimos que nuestro corazón se acompasa con el corazón de la existencia. Por fin dejamos de sentirnos solos, en últimas abandonamos la tremenda sensación de sentirnos separados de la vida y desistimos de poner mala cara cuando las circunstancias no son lo favorable que nuestra dependencia al confort y a la seguridad quisieran.

Meditando...

Cuando medito, me acuerdo de la metáfora del ventilador. El ventilador está todo el tiempo enchufado y su ruido pasa desapercibido hasta que uno lo detiene, entonces te das cuenta de la nube de ruido que soportabas y de todos los sonidos que estaba ocultando. Cuando mi mente se detiene, es como parar el ventilador, emerge un silencio extraordinario, a menudo extraño, como partitura donde el alma se empieza a expresar. Lo sutil cobra forma, el discernimiento se afila, la belleza te envuelve con su manto invisible y el tiempo psicológico deja de empujar.

No me puedo sentir orgulloso de este estado porque no depende enteramente de mí. Apenas creo las condiciones a través de una práctica diaria y de una motivación honesta, pero cuando sucede, y juro que hay temporadas de sequía, se parece más a una gracia que a un logro. Es como si la experiencia en sí misma fuera inteligente y dejara fuera de la ecuación al mismo ego para que no se sienta especial ni superior. No es, por tanto, un experimento en el que puedes controlar todas sus fases, sino la misma vida que te atraviesa dejando algunas estelas de luz. Un fuego que brota en tu interior que puedes apagarlo por miedo o atreverte a dejarlo crecer.

Otras veces abro los ojos de par en par y miro hacia el infinito, donde cabe todo sin fijarme en nada en concreto. Esta mirada panorámica vuelta hacia dentro es la misma con la que me encuentro en el ensimismamiento, donde, como la misma palabra indica, es estar en el sí mismo. El fondo de lo que uno es no tiene forma, se parece más a un flujo de conciencia que interactúa desde la presencia. No lo podemos objetivar, está ahí, siempre ha estado ahí, sin llamar la atención. Y, de golpe, ¡zas!, te das cuenta. Toda la vida hablando de un hipotético encuentro con uno mismo y resulta que no es un encuentro donde dos partes se fusionan, un algo con otro algo. En verdad es un despertar a la propia naturaleza esencial que siempre hemos sido. No se puede alcanzar el Sí Mismo porque no es una cosa y no se puede encontrar porque siempre hemos sido el/la que somos, enmascarado, eso sí, por una venda que nos impedía ver.

Un ejercicio que realizo con mis alumnos consiste en una meditación en parejas. En la primera parte, cada uno se fija en la forma de los ojos del compañero o compañera. Tamaño, color, pigmentación, asimetrías, movimiento, etc., con la misma precisión que un pintor percibiría el ojo antes de plasmarlo en el lienzo. En la segunda parte, ya no vemos el ojo, sino la mirada. Ya no miramos la forma, sino lo que pasa a través de ella. Y nos damos cuenta de que hay algo que no forma parte del ojo, que no es un objeto, que tiene en su seno inteligencia, que tiene la capacidad de conocer y que puede estar presente dándose cuenta. Si pudiéramos vivir desde el fondo de lo que somos sin rechazar las formas caleidoscópicas de la vida que se nos presentan, se abriría en nuestro día a día un ancho horizonte de libertad.

10. El vuelo místico

Cuando silenciamos nuestra mente, todo se aclara. La visión lúcida penetra en una realidad, infinita, eterna, poliédrica y misteriosa. Tal vez la habíamos intuido, aunque se muestre totalmente desconocida, cambiante y sorpresiva. Al ver la realidad al desnudo y a nosotros en medio de ella, empiezan a caer las caretas vacías, las estrategias de ostentación, las imposturas de un ego insatisfecho y los sueños de un paraíso feliz. Habíamos vivido todo el tiempo en un mundo plano lleno de irrealidades, en una realidad achatada de pensamientos únicos y respuestas prefijadas, en un planeta de cartón piedra hecho de imágenes edulcoradas a través de pantallas sofisticadas. Ahora, todas esas oscuridades se han disipado con un solo rayo de luz de nuestra conciencia. La oscuridad, aunque sea muy obvio, no es más que ausencia de luz.

Ojo

La realidad desfila delante de nosotros, aunque ya sabemos que el cuerpo siente esta realidad y que la mente la analiza, pero, queda claro, que no somos este cuerpo y esta mente, sino el Ser al que las diferentes tradiciones han nombrado de muchas maneras. Las cosas van y vienen en la periferia del Ser como circunstancias engarzadas en una rueda inmensa movida por la fuerza motriz de la vida.

El Ser es el centro más profundo y más esencial en nosotros y se establece como puro sujeto, de tal manera que no lo podemos encontrar porque si lo encontramos nos toparíamos con otro objeto más de nuestra psique, pero no al Sí Mismo real. Cuando en la meditación crees que estás a punto de alcanzarlo en una experiencia extraordinaria, se desvanece. En realidad, ese encuentro con Uno Mismo tan cacareado en la *New Age* era una ilusión del mismo ego disfrazado de espiritual. Al Ser se le percibe como un clima en el que vives, como una atmósfera en la que respiras, como un espacio en el que sientes. Se parece más a un horizonte inmenso o a un cielo brillante que a un tesoro escondido en el rincón más alejado de uno mismo.

El Testigo o el Vidente atestiguan y ven la realidad hasta la médula, pero no pueden ser vistos de la misma manera que el ojo todo lo ve, pero no puede verse a sí mismo. Podemos hacer la pirueta más difícil, pero el ojo seguirá ciego a sí mismo. La única manera que tiene el ojo de verse es a través de la imagen en un espejo. En cierta manera, cada vez que vemos un objeto estamos viendo su materialidad, pero también la luz de la conciencia que lo ilumina. Vemos y olemos la flor que tenemos en nuestras manos, pero intuimos que nada en este universo está separado y que decir *flor* es una forma lingüística más para poder entendernos someramente. Los científicos cuánticos ya hace mucho que hablan de que la realidad es un campo unificado de energía y de consciencia que está vacío de sustancia. Así que el Ser y la flor forman parte de una unidad inseparable. En medio de la flor está cada uno de nosotros y al fondo del aroma reverbera el Ser. Objeto y sujeto empiezan a difuminarse. En la realidad fenoménica, objeto y sujeto forman una díada, pero en el Vacío existencial están indiferenciados. El mundo es real, pese a quien pese, lo que es ilusorio es nuestra visión sobre él, que lo cosifica y lo fragmenta en unidades separadas.

Alma

Cuando, en medio de la meditación, nos damos cuenta de nuestra infructuosa obsesión por llegar al Ser, comprendemos que solo bastaba con soltarse, con descansar en lo que somos, con ser y estar, aquí y ahora. Era tan sencillo que no lo podíamos comprender. La cerrazón de nuestro empeño radicaba en la búsqueda de algo especial porque, en realidad, era una trampa egoica. El ego buscaba la sustancia de su ser en algo exclusivo y superior, raro y al alcance de unos pocos elegidos. Nada que ver, siempre vamos con nosotros mismos, toda la vida, lo único que faltaba era darse cuenta. No reconocemos el alma en nosotros mismos porque estábamos buscando en un lugar equivocado, buscábamos la idealidad, pero no la naturalidad; un estado superior, pero no la espontaneidad.

Al alma se la reconoce por su desnudez. No hay doblez en ella porque se expresa a través del corazón, y el corazón, ya se sabe, si se traiciona a sí mismo, explota en mil pedazos. La desnudez es un símbolo de la naturalidad en el hecho de vivir, casi como un niño pequeño que no necesita justificaciones para reír y para jugar. El niño aprende a dejar de ser espontáneo cuando se ve sometido a un conjunto extraño de normas de convivencia y a una crítica burlona de su ser. Para el alma todo es hermoso, no hay nada que esconder y nada de lo que sentir pudor. Evidentemente, habrá que mediar de forma inteligente con el mundo para no sucumbir ante el primer envite.

Junto a la naturalidad, sobreviene en el alma la humildad. Cuando ignoramos que formamos parte del universo, podemos fantasear con la levedad y la inutilidad de la existencia, pero si sentimos que formamos parte de esta gran creación, inevitablemente hincaremos la rodilla en la tierra para dar gracias a lo divino. Somos, es cierto, un remolino casi accidental en el meandro de un afluente, de un pequeño río que se pierde en la inmensidad del mar. Somos tan pequeños en el espacio, tan breves en el tiempo, tan insignificantes en la historia y tan prescindibles en la evolución que no cabe más que humildad entre pecho y espalda. Porque el gran descubrimiento del alma es que, al reconocer que no somos nada, cabe la potencialidad de serlo todo.

Si bien el alma es capaz de arrodillarse y, desde la humildad, reconocer que somos hijos de la tierra, de la necesidad, de los límites, de la insatisfacción y que, por eso mismo, hemos de acoger el sufrimiento propio y ajeno, también se levanta y mira a las alturas porque nuestra esencia lleva impresa un anhelo de completitud. Somos hijos de la tierra, pero también del cielo.

Somos, evidentemente, cuerpo y espíritu, gravedad y levedad, energía y consciencia.

Pocos son los que miran al cielo, porque alzar la mirada requiere de la voluntad de salir de la telaraña de las pequeñas cosas que teje nuestra conciencia ordinaria día a día y buscar, en el fondo estrellado de nuestro interior, un sentido que guíe nuestra existencia. El Alma, el Ser, el Sí Mismo, como queramos llamarlo, se mantienen dormidos ante el sinsentido de una vida. El sentido de nuestra vida no nos llega por correo ni lo podemos encontrar por internet, no lo puedes adivinar cogiendo una carta al azar ni persiguiendo a los maestros encumbrados. El sentido de nuestra vida se descubre viviendo, trabajando y amando, acertando y errando, dándonos cuenta de cuáles son nuestros puntos fuertes y nuestros puntos débiles. Probablemente, nuestro propósito secreto de vida tenga que ver con el servicio a los otros y con la adecuación de nuestros dones. No hay mayor satisfacción que la de servir de todo corazón a un plan que nos trasciende a todos.

Y es precisamente este despertar del corazón el que está en la misma esencia del alma. Si el cuerpo físico necesita comida y nuestra mente información, el alimento más sutil para nuestra esencia es el mismo amor. Como en los cuentos de hadas, un beso de verdadero amor despierta a la princesa dormida. Comida e información son necesarios, pero sin amor la vida misma languidece. Me atrevería a decir que la mayor parte de disfunciones mentales actuales tienen en su base una carencia de amor, de cuidado e intimidad, de reconocimiento y compasión.

En medio de este corazón late una chispa de divinidad. Una

chispa, un rayo o una llamarada de nuestro astro tienen formas y temperaturas diferentes, pero, en lo esencial, tienen la misma naturaleza: el fuego. Asimismo, el Ser en nosotros es una chispa de esa Totalidad que nos envuelve, una gota de ese océano en el que nadamos, un soplo en la conciencia del espíritu. Cuando el alma se ha purificado de sus impresiones y ha soltado el lastre de los residuos vivenciales hace, como el espejo, reflejar la luz del espíritu con tal nitidez que parece que ella misma esté brillando. Pero no nos confundamos, el Testigo atestigua, el Vidente ve, el Alma abraza, el Sí Mismo se establece en su subjetividad, y todos ellos, que son la misma esencia, mantienen una sutil dualidad con la existencia.

Como vimos, el yo se había adelgazado tanto que se mantenía al filo de la no existencia como testigo de la realidad, pero, al fin y al cabo, este Yo profundo sigue anclado en una visión, una entre las infinitas posibles. Este Sí Mismo es el último nudo de la individualidad. Mónada que tiene una función nuclear en nuestra vida, puesto que, si no hubiera un centro, no habría proceso de vida. Nos encarnamos para algo, y esta alma es la que coge el relevo de una larga evolución y, en su camino, vuelve humana la existencia, pues hace como el cocinero: convertir lo crudo en cocido para que esta vida sea digerible. Este Yo esencial es el gran protagonista de este drama épico que, como el príncipe Arjuna, desde su desaliento, tras escuchar el conocimiento intuitivo a Krishna, la voz de lo divino en la *Bhagavad Gita*, empuña su arco *Gandiva* y realiza su misión profunda, el *dharma* como guerrero para restablecer una injusticia.

¿Quiénes somos? Nos volvemos a preguntar. Somos el testigo de un proceso muy particular de vida que viene del Todo y se dirige a la Nada. Somos la última frontera en el borde mismo del Abismo insondable del cual nada se puede decir.

Misterio

Lo más probable es que sintamos vértigo delante de ese Abismo insondable. A los pies del Espíritu nos quedamos sin palabras con el corazón henchido. Pero la infinitud y la eternidad no caben en ninguna cabeza por muy amueblada que esta esté y no es extraño que sintamos miedo ante su presencia. En simbología, el águila representa, entre muchos otros significados, el mismo espíritu, porque es el animal que tiene un vuelo más alto y se acerca más al sol. Desde las alturas, el águila divisa el terreno con claridad. La elegancia de su vuelo en la inmensidad del espacio nos recuerda ese silencio que es de otro mundo cuando desciende el Espíritu en nosotros. En todo caso, nos encontramos en medio del misterio y tenemos que aprender a hacernos amigos del mismo. Misterio viene del griego *muistes* que significa también «mudo». Precisamente es esa mudez en la que se encuentra el místico delante de lo incognoscible.

El Misterio rebosa por todos los costados de nuestro Ser, sería pretencioso querer resolver la existencia con una triste ecuación. El Misterio no está para ser resuelto, sino para ser experimentado; no está para manipularlo, sino para sacar fuerzas de él;

en definitiva, no representa una amenaza, sino un reencuentro. El caminante sabe que el horizonte nunca puede ser alcanzado, pero le ayuda a caminar. El ideólogo sabe también que la utopía no puede realizarse, pero le sirve para articular revoluciones. El aspirante intuye que la búsqueda espiritual es una paradoja, un absurdo que le tienta a seguir adelante hasta terminar de comprender.

En la mística hay una conciencia de unidad de todo lo creado, pero no la podemos percibir si no nos disolvemos en su seno. Pero para saltar al Abismo sin forma, hay que albergar en nuestro interior mucho coraje y mucha fe. La fe se nutre de una confianza absoluta. El bebé instintivamente se abandona en los brazos de su madre y se duerme con total seguridad, el místico, por su parte, abre los brazos de par en par y le habla al universo como si fuera su más genuino progenitor. Solo tememos al universo cuando nos sentimos separados de él, pero si el Misterio que nos atraviesa fuera amigable, si su despliegue fuera inteligente, si, además, lo sintiéramos benefactor, daríamos el salto a lo infinito con los ojos cerrados.

Seguramente todos hemos vivido sincronicidades, hemos tenido experiencias transpersonales en el límite de lo aceptado por nuestra razón, quizá algún sueño premonitorio, alguna casualidad imposible. Con razón, o sin ella, la vida se muestra insondable y nos deja estupefactos, cuando menos. Tropezamos con el misterio más veces de lo que creemos, pero enseguida nos reponemos con alguna teoría favorita o con un encogimiento de hombros. Pero, si observamos bien, hay señales que aparecen en nuestra vida cuando acucian las crisis. Y no sería extraño que el Ser convocara secretamente las circunstancias que vivimos para que tomemos conciencia de algo esencial.

Impermanencia

Cada día nuestro planeta surca porciones del espacio nunca antes recorridas, pues sigue el reguero que marca el Sol con toda su corte planetaria hacia el centro de la galaxia. Pero igualmente es cierto que, cada mañana, al abrir los ojos, renacemos desde un sueño profundo que nos había sumergido en la nada. Aunque también es verdad que, a los pocos segundos, nuestra mente se asienta en su identidad estable y reconoce la misma cama en la casa de siempre. Pero no es verdad, estamos trampeando la realidad. Nuestro cuerpo, cada día, está en un equilibrio hormonal diferente, con una vitalidad que puede estar en marea alta o baja o con la musculatura más tensa o flexible. Y nuestra mente puede estar rumiando nuevas preocupaciones, obsesionada con un reciente reto o bloqueada en alguna emoción. Cada día y cada momento son únicos e irrepetibles si estamos suficientemente atentos.

La sensación de continuidad es meramente un mecanismo económico y de protección de nuestra mente. Cuando nos identificamos con una forma, con un temperamento, con unas condiciones determinadas de vida, lo que estamos haciendo es fijar unas imágenes conocidas que nos devuelven a lo conocido. No tenemos más que mirarnos en el espejo para ver como nuestro cuerpo y nuestra mirada cambian. Envejecer es tan natural como nacer, vivir y morir. Si no lo aceptamos, seguiremos mirándonos al espejo, pero ahora con maquillaje o habiendo pasado previamente por el cirujano plástico.

Todo está en permanente cambio, se mueve la Tierra y la Luna, se alternan las estaciones, migran los pájaros, circulan las mareas, las sociedades se hacen conservadoras o progresistas, cambian las modas, y nosotros también cambiamos dentro del torbellino de la vida. En meditación observamos detenidamente ese cambio: cambia nuestra respiración, muta el dolor de una zona a otra, desaparece el pensamiento obsesivo para volver a aparecer. Lo interesante se vuelve indiferente, lo indiferente se convierte en aburrido, y aparece la somnolencia, la duda o la frustración. Y vuelta a empezar. La vida no para ni un segundo. Y el sufrimiento sobreviene cuando nos apegamos a una de las formas con las que nos habíamos identificado. Les pasa a muchos actores que se identificaron con un personaje de éxito, un personaje que se «comió» a la persona y que, cuando el tiempo pasa, solo queda una triste imagen decadente de una pequeña época de gloria. Todos hemos tenido cinco minutos de esplendor a cuyo recuerdo volvemos una y otra vez.

Meditación es aterrizar en lo real. Asumir la crudeza y la contundencia que esta tiene y aprender a fluir con la impermanencia.

Muerte

Las alas del águila no son artificiales como las de Ícaro. El hijo de Dédalo, orgulloso y prepotente, no escuchó los consejos prudentes de su padre y se elevó tanto en el cielo que el calor del sol fundió la cera que sujetaba las plumas caídas en el laberinto donde ambos estaban encerrados. Inevitablemente, cayó al mar y perdió la vida. Las alas de la espiritualidad crecen de forma natural, poco a poco, conocimiento tras experiencia y experiencia tras conocimiento. De lo contrario, podemos entender una verdad que todavía no está integrada o ponernos fácilmente un hábito de iniciado que nos viene grande. La mística es un vuelo de grandes alturas para las cuales muchos todavía no estamos preparados.

El profundo anhelo del místico es el de mantener una intimidad con la divinidad, tenga la forma que tenga en su cosmovisión. Para hablar de tú a tú con el Absoluto, hay que estar muy loco o estar muy desesperado tal como santa Teresa de Jesús reconoce en su poema más famoso: *Muero porque no muero.* Y es esta muerte, muerte del ego, la que certifica el místico para alcanzar una vida eterna. La eternidad no es una suma infinita de años, sino el estar por encima de las tribulaciones del tiempo, el sentirse al amparo de las sacudidas de las circunstancias y el haber desarticulado la impaciencia del deseo.

Ahora bien, detrás de ese salto al vacío existencial, que podemos llamar Vacuidad, Fundamento, Absoluto, Origen o Dios, está la presencia de la muerte. El temor del ego es que al otro lado de esa frontera de la muerte no exista nada de nada, solo la descomposición de un cadáver. Y es cierto que poco sabemos de la muerte, pero el místico intuye que el Ser no nace ni muere porque estamos hechos a imagen y semejanza de esa intimidad divina a la que le abrimos de par en par nuestro corazón. Si observamos bien, cambian las formas porque todo está en profunda transformación, pero nada nos indica que la muerte cercene por completo la vida. Aún más, es posible que la muerte sea la gran conquista de la vida para renovarse y evolucionar. Lo que de verdad supone la muerte es una radical transformación. El árbol viejo tiene que morir para renovar el bosque.

Vivir con la conciencia de la muerte nos recuerda que nada permanece y que todo se disuelve en lo informe para volver a renacer. Por muy fuerte que agarremos nuestros tesoros con nuestras manos, la muerte nos las abrirá dulcemente. Se escaparán nuestros bienes, se volverán insignificantes nuestros títulos, se convertirán en humos nuestras relaciones y se perderá nuestra memoria. Todo se convertirá en polvo, absolutamente todo. Solo habremos sido una estela fugaz en una de las innumerables olas del mar de la vida.

Con todo, lo que a este lado de la mente podría ser un drama vital que nos atemoriza, al otro lado, una vez dado el salto, morir en vida se convierte en una gran liberación. En el fondo, ser nadie, aunque uno siga manejando un yo aparente en sociedad, nos protege de cualquier ofensa, nos inmuniza ante la fama, nos rescata de la reputación y nos advierte ante la ostentación de la riqueza. Ser nadie para serlo todo es la mayor flexibilidad que puede adquirir un ser humano. Pero, cuidado, ser nadie no significa coger una goma de borrar y anular nuestra identidad conocida. No, simplemente consiste en permitir que esta identidad no esté separada de la Totalidad, consiste en no identificarse con la función psíquica dominante que nos da seguridad y permitir una escucha profunda de todos los registros vitales que aparecen fuera y reverberan dentro. Es decir, hacerse permeable a la vida y hacer lo que hace el agua, adaptarse a la onda que la convierte en ola para luego volver pletórica al ancho mar.

Meditando...

Uno de los soportes que más utilizo en meditación es la visualización del *Sri Yantra*. Un *yantra* es un dibujo hecho con geometría sagrada que expresa, en forma de arte, una visión profunda de la realidad y que podemos utilizar, entre otros usos, como un gran soporte de nuestra concentración. Cuando me fijo en el *Dispositivo Glorioso*, lo primero que veo es el punto central (*bindu*) que expresa el origen del universo y me imagino el rayo que lo atraviesa creando una vibración que se expande por toda la creación. Esta vibración no es más que la manifestación del encuentro entre energía y consciencia, representado por los triángulos del yantra que miran hacia abajo, símbolo de lo femenino (*Shakti*), y por los triángulos que miran hacia arriba, representando lo masculino (*Shiva*). Lo que me asombra de este dispositivo de concentración es la gran belleza para representar la interrelación entre las fuerzas polares de la vida. Nos ayuda a comprender que el cuerpo y el espíritu no están separados, que lo masculino y lo femenino son complementarios, que el impulso precede a la quietud, y viceversa, que la energía acompaña a la consciencia y que esta le da orientación a aquella.

Pero, más allá del símbolo, el Sri Yantra me transporta, como una especie de holograma, a comprender desde el mismo corazón que todo está tan interrelacionado que no cabe ni una mínima rendija de separatividad. Si tengo un gesto solidario sé que dará frutos, que cada abrazo sincero que dé dejará huella, que todo pensamiento lúcido que tenga resonará en algún lugar. Vivimos en una sopa cósmica de tal manera que cada pequeña acción repercutirá en toda su infinita holgura. Y esto, que parece nimio, me retrotrae a un tiempo que está más allá del tiempo y a una soledad que es pura compañía. Sí, formamos parte de la urdimbre de la realidad. Con otras palabras, me digo que existo y existo porque el universo quiere que así sea. El símbolo me comunica que soy el universo sintiendo el universo. Nada más, y nada menos.

Pero, si para hacer este vuelo místico, tuviera que elegir un soporte, sin duda alguna elegiría la naturaleza. Pasear en el bosque y hacerme invisible encima de una roca o debajo de un árbol se convierte, para mí, en el mejor altavoz para hablar con lo divino. La naturaleza no deja de ser una segunda piel, puesto que nuestro cuerpo es naturaleza especializada. El lenguaje natural nos sustrae del artificio de la ciudad y de los circunloquios de la cultura. Pisamos la tierra que todavía está viva y vislumbramos el cielo con toda su amplitud.

Respiramos junto a ella el devenir de las estaciones y asistimos boquiabiertos a la plena colaboración entre planta, insecto y animal.

A veces me digo que quiero ser musgo junto al árbol, pájaro en la rama, agua brotando de la fuente. Ningún pino quiere ser abedul, ninguna lechuza abandonaría la noche para ser halcón. La naturaleza nos enseña a ser el y la que somos, y nos muestra que hay un tiempo para florecer y otro para marchitarse.

11. La iluminación invisible

Meditar, vivir, y volver a meditar para seguir viviendo. La meditación orienta la vida y la vida le da profundidad a la meditación. De nada sirve refugiarse en la sala de meditación porque lo importante, sin duda, es la vida que tenemos por delante. A menudo, la obsesión por la meditación esconde una codicia muy sutil: alcanzar la iluminación. Creemos que si llegamos a la iluminación todo será hecho, todo será dado y todo será comprendido. Al ego le gustan las metas, y esta se lleva la palma. Nos han dicho que hemos de llegar a la cumbre de la realización personal sin llegar a desearlo y esto lo podemos vivir como un doble salto mortal muy apetitoso para nuestra avaricia. Pero en realidad nadie alcanza la iluminación porque su naturaleza es esquiva: cuanto más la perseguimos, más se esconde, cuanto más la intentamos definir más paradójica se vuelve.

El primer error consiste en identificar iluminación con perfección. Si nos iluminamos, nunca más tendremos pesadillas, ni dudaremos ante las encrucijadas, ni tendremos pensamientos obscenos o ataques de rabia, por hacer una caricatura. Lo que ocurre es que buscamos la iluminación sin saber lo que es, y entonces lo primero que aparece en el horizonte de nuestro camino de búsqueda es un espejismo y no la realidad, confundimos la rendición del yo por el ideal del yo. En verdad, el único interesado en iluminarse es el ego, pues fantasea con salir de su insatisfacción buscando su excelencia, cosa que al sabio, en realidad, le importa un comino.

El segundo error garrafal es creerse iluminado por tener unas cuantas experiencias extraordinarias que hábilmente, todo hay que decirlo, colocamos como triunfos engarzados en un collar espiritual a la vista de todos. Sin duda, pueden haber experiencias de luces y sonidos internos, pueden aparecer símbolos universales, pueden, incluso, visualizarse divinidades, pero, al fin y al cabo, son expresiones de nuestra psique profunda. En el mejor de los casos, estas experiencias pueden indicar una evolución en nuestro proceso de toma de conciencia, pero difícilmente indican una verdadera sabiduría. Pueden ser señales en el camino, pero, lamentablemente, pueden volverse en contra de nosotros si traen consigo algunos poderes especiales.

Me arriesgo a decir que si supiéramos, de entrada, lo que es la iluminación, no daríamos el primer paso en el camino de búsqueda, y no me extrañaría que saliéramos corriendo. Porque la iluminación tiene más que ver con el dar que con el recibir, con asumir el sufrimiento humano que con anestesiarse felizmente, con aterrizar en el mundo real que con despegar hacia mundos insondables.

Vacío

No podemos alcanzar la iluminación, como decía, porque no está al alcance de nuestra mano; es decir, no depende de nuestra voluntad. Está más allá de las palabras, de los conceptos, incluso, del tiempo psicológico. No depende de nuestro esfuerzo y no la podemos encontrar en el futuro porque se despliega en un ahora atemporal. Seguramente, la iluminación sucede como el descenso de una gracia, en terminología cristiana, que no depende estrictamente de nuestros méritos, sino nuevamente del misterio.

Hay que llamar a la puerta, por supuesto, si queremos que se abra como exhortaba Jesús, pero nosotros no tenemos la llave para abrirla. Delante de la puerta lo único que podemos sentir es una fina lluvia que nos impregna, valga la metáfora, de la bondad de la existencia. La Biblia hablaría del maná, el alimento de Dios, que recibían los israelitas durante su largo periplo por el desierto. Y, en realidad, lo único que podemos hacer es impedir que nos resbale esa lluvia (ignorancia) convirtiéndonos en un canal (sabiduría) para regar los campos yermos. Con otras palabras, podríamos decir que el místico se convierte en un vacío fértil donde permite que se desarrolle en su seno la plenitud del espíritu. Si llamamos a la puerta con todos nuestros pesares, si golpeamos con nuestras demandas, si empujamos con nuestros deseos, si gritamos con nuestro desespero, a buen seguro que la puerta no se abre. Y no se abre porque cuando estamos tan llenos de nosotros mismos, cuando nos mostramos tan engreídos y tan soberbios, no hay sitio en nuestro interior para nadie, ni siquiera para que se deposite la gracia divina.

Sabiduría

La persona sabia no es perfecta como apuntábamos, pero sí impecable. No busca un resultado determinado, sino una intención acorde con su pensamiento y con su acción. Es precisamente la coherencia interna la que nos permite mantenernos unidos en un mundo que va a la deriva. La persona sabia es tan humana como cualquiera y tiene en su «atadillo» tantos miedos y tantas incertidumbres como cualquier hijo de vecino. Es evidente que el sabio no es el prototipo del erudito, porque no aspira a un conocimiento intelectual, sino experiencial; no se mueve en el plano horizontal, sino vertical; no acumula saber, sino que lo destila para quedarse con lo esencial. Y, en estas, no busca tener una respuesta a todo, sino meramente poder gestionar lúcidamente su ignorancia.

Sabiduría es darse cuenta de que las posesiones pueden tener una utilidad social, pero, en su reverso, la acumulación de bienes genera preocupación y miedo. Es paradójico poner gran cantidad de energía en acumular tantas riquezas para obtener la ansiada seguridad, y acto seguido sentirse inseguro por el temor a perderlas, a gastarlas o a ser engañados. Si no hemos cultivado la seguridad interna en el acto de vivir, todo el oro del mundo nos resultará poco para cubrir nuestra hipertrofiada inseguridad. Rogar por tener lo justo para vivir una vida digna es sabiduría.

La riqueza no es disfuncional en sí misma. Se vuelve problemática cuando nos sustrae tiempo para hacer, para amar o para conocer. Se convierte en un arma de doble filo cuando se pueden comprar voluntades y se corrompe cuando se utiliza como escaparate de la ostentación del poder.

La pobreza elegida no es miseria. No es carencia externa, sino abundancia interna. Cuestionar las necesidades hasta encontrar aquellas que son reales requiere de un entrenamiento sistemático, habida cuenta que estamos en una feria gigantesca donde, mires donde mires y oigas lo que oigas, encontrarás un anuncio publicitario, una propaganda o un consejo de un *influencer* para seguir consumiendo. La persona sabia se da cuenta de que necesitamos poco y de que la actitud de no acumular nos deja más espacio y más tiempo para la creatividad. La simplicidad es un arte, el arte de que no sobre ni falte nada, la proeza de vivir con mayor armonía y la posibilidad de rodearse de una belleza más profunda.

Belleza

La belleza de la simplicidad no es para nada simple, requiere de la comprensión profunda de que la vida no puede ser apresada. La ilusión de control es una pesadilla del ego que, tarde o temprano, devuelve amargura. La vida está llena de procesos dentro de procesos más grandes, totalidades dentro de totalidades, ritmos dentro de otros ritmos hasta vislumbrar el infinito. La belleza consiste en dejar de ver las cosas separadas y observar los procesos interconectados. Todo, hasta lo más pequeño e insignificante, nos puede enseñar. Podemos servirnos un té de forma rutinaria o convertirlo en un arte donde cada movimiento tiene esencialidad y tiene presencia. El ritual nos abre la puerta de la belleza porque paraliza el tiempo con sus ademanes sincronizados y yuxtapone materia y espíritu a partes iguales.

Cuando uno se da la vuelta y ve la realidad desde otra perspectiva completamente diferente, lo bello se vuelve feo y lo feo bello; es decir, la belleza ya no puede residir necesariamente en algo externo sin tener en cuenta la mirada interna, ya no puede fijarse en lo objetivo sin abarcar lo subjetivo, no puede eternizarse sin apuntar al momento presente, fugaz e irrepetible. Lo bello no es solo lo que se puede mirar en un escaparate o en una pasarela, la belleza incorpora todos nuestros sentidos y nuestra más fina intuición.

Bello no es lo que se mantiene aislado por mucho brillo que tenga, sino lo que genera una atmósfera, aunque esté rodeado de penumbras. Bello, en definitiva, no es la obra completa que no admite ningún cambio, muy al contrario, es lo incompleto que sigue sugiriendo nuevas posibilidades de ser, es la humildad que nos recuerda que formamos parte de un todo mayor y es la fragilidad del que reconoce la muerte y se sabe impermanente.

Invisibilidad

A través de esta sensibilidad, la persona sabia, adquiere una aureola de belleza que no se ve a simple vista porque no es del todo definible y se mantiene en el borde de la ambigüedad, sin pretensiones, sin llamar la atención y sin ostentaciones. La persona sabia tiene la precaución de volverse invisible. En la naturaleza, camuflarse es la mejor estrategia para no ser comido. En el mundo social, la discreción de ser un don nadie es la mejor manera de no complicarse la vida. Desde la invisibilidad podemos ver la realidad humana con mucha más nitidez. Cuando el ser humano se siente observado, adquiere enseguida un rol aprendido, responde a lo que se espera de él y se sujeta a las normas por deber, temiendo un castigo o una crítica. De esta manera, aprendemos enseguida a tener una cara por delante y otra por detrás, a sonreír amistosamente en el momento y a maldecir poco rato después. No somos agua clara, y la mejor manera de saber quiénes somos es en la intimidad de nuestra casa o en los encuentros con nuestra familia de origen. Sale nuestra verdadera naturaleza cuando estamos solos o acorralados entre la espada y la pared, cuando nos va nuestra supervivencia o nos arrebatan algo que consideramos propio.

Observar anónimamente por la calle la humanidad es impactante. Muchas personas van con el ceño fruncido, la mandíbula apretada, la mirada fría, el cuerpo desgarbado y torpe, el mal humor o la pesadumbre del alma. Y más que sentirnos ajenos porque todos en alguna época vamos igual, se despierta en nosotros una ternura por la fragilidad que todos tenemos ante la vida. Nos habían vendido un cuento romántico y resulta que la vida es mucho más dura, mucho más indomable y mucho más cruel de lo que podíamos soñar, y no siempre se resuelve con un final feliz.

Cuando transitamos hacia la invisibilidad, nos liberamos del peso de las miradas. En el fondo de la neurosis del ser humano hay un hueco carencial de falta de amor y de reconocimiento que lo complica todo en nuestras relaciones sociales porque pedimos más de lo que puede ser dado. Cierto que jamás nos dieron todo el amor que demandamos por la sencilla razón de que nuestros padres eran limitados y seguramente porque nuestra demanda era insaciable. Todos cojeamos de amor. Avanzar hacia la sabiduría es aceptar que ese pozo oscuro, ese anhelo de completitud, no se puede llenar con sustitutos. Aceptar la imperfección de la vida es signo de madurez al igual que aceptar lo inevitable.

La persona sabia no necesita ponerse medallas ni subirse a un pedestal. No busca seguidores ni imitadores, no quiere convencer a nadie ni hacer proselitismo. Porque no se trata de ser alguien, sino de desprenderse precisamente de la importancia personal. Y lo consigue cuando entra y sale sin ser visto, cuando promueve una enseñanza sin querer tener la razón, cuando se mantiene en la escucha amorosa y cuando desaparece sin dejar huella. En realidad, el sabio tiene integrado que todos vamos en el mismo barco de la vida sin botes salvavidas.

Amor

Tal vez la sabiduría tenga que ver con bajar de la torre de marfil donde nos manteníamos encumbrados y ponernos al servicio de la humanidad. Este no solo es el lugar más difícil donde se pone a prueba nuestro amor altruista, es, ante todo, una gran fuente de conocimiento. Amar la diversidad humana es una labor mastodóntica.

El amor de la persona sabia no es empalagoso y condescendiente. La severidad también forma parte del amor porque ayuda a poner los límites necesarios para nuestro crecimiento. La cabeza y el corazón tienen que colaborar juntos en pos de un amor real. Seguramente hay que abrirle los brazos al amigo y al enemigo, al que ama y al que sufre, pero de ninguna manera hemos de permitir que nos invada o que nos manipule.

La sabiduría entiende que el amor es la fuerza más poderosa de transformación que tenemos, pero también comprende que el amor tiene muchas máscaras que lo desfiguran. Amar es permitir que el otro sea el que es, sin chantajes; escucharle atentamente, sin crítica; estar a su lado, sin exigencias; apoyar sus proyectos, sin desconfianza; abrazar su debilidad, sin hacerlo dependiente; despertar su entusiasmo, sin tener que cargarlo a cuestas. Amar al otro es casi tan difícil como amarse a uno mismo, y es por aquí por donde empieza el sabio por considerarse digno de ser amado porque, no le cabe ninguna duda, que todos somos hijos de la vida. Y no se trata tanto de amar por compartir nuestras miserias, sino de amar por rebosamiento.

Verdad

El camino espiritual que vamos recorriendo es una especie de espejismo. Nos hace creer que seguimos un proceso y que lo buscado lo encontraremos más adelante, en un futuro, cuando evidentemente solo es real este momento presente; nos incita a llegar a ser cuando, en realidad, ya somos; nos exhorta a emprender un largo viaje cuando lo que buscamos está en nuestro propio hogar interno.

Decíamos que nadie alcanza la iluminación porque resulta que la iluminación es nuestra propia naturaleza, que no podemos alcanzar porque nunca hemos salido de ella. La búsqueda de la iluminación está destinada al fracaso, pero, y aquí radica el entuerto, si no iniciamos una búsqueda nunca caeremos en la cuenta de que estamos perdidos; si no nos esforzamos, no sabremos el profundo valor que tiene el abandono; si no subimos la cima de la montaña, no veremos con mayor amplitud el valle donde vivimos.

La mayoría hemos buscado alguna vez nuestras gafas de lectura por toda la casa y, de golpe, nos damos cuenta entre carcajadas de que las llevábamos puestas. O nos hemos ido de viaje al otro lado del mundo cuando en verdad buscábamos la intimidad que ya teníamos en casa. Este darse cuenta tiene que ver con la iluminación súbita, un *insight*, una repentina intuición de que lo buscado lo teníamos delante de las narices, tan cerca que no lo podíamos ver.

El sabio, decíamos, no busca la iluminación porque la iluminación no es una cosa que se pueda adquirir. Sobreviene una oleada de claridad y, tarde o temprano, se desvanece, nos inunda un sentimiento de serenidad y al final se esfuma, nos bañamos en puro amor incondicional y poco a poco se disipa. Colocarse el cartelito de iluminado es un mal chiste porque esos fogonazos de consciencia vienen del infinito y se dirigen a la totalidad de la vida, y nosotros solo somos un canal. Fijar la iluminación y personalizarla es como enjaular al pájaro de la libertad impidiendo su vuelo y su canto.

Todos hemos leído a Kirshnamurti diciendo que «la verdad es un paisaje sin caminos». Los senderos vitales que recorren otros no tienen por qué ser válidos para todos nosotros. Lo que tenemos delante es un territorio desconocido. Hay conocimientos consistentes y valiosos que se han ido destilando a lo largo de los siglos y que merecen nuestro respeto y nuestro estudio, pero hay que añadir que ninguna verdad es absoluta. Las respuestas de los grandes sabios del pasado pueden alumbrar parte del camino, pero lo más probable es que tengamos preguntas nuevas que no se puedan responder sin la perspectiva del momento presente. El coleccionista de filosofías puede saber mucho, pero no por ello tiene el coraje de la persona sabia. Hay que tener un gran valor para recorrer el camino elegido descubriendo la propia verdad como un proceso absolutamente personal e intransferible. Buda, por otra parte, nos recuerda que «no hemos de creer nada por el simple hecho de que muchos lo crean o finjan que lo creen, pues es necesario creerlo después de someterlo al dictamen de la razón y a la voz de la conciencia».

Los maestros y maestras espirituales se mueven en la cuerda floja de la enseñanza. Las enseñanzas, como expresa el proverbio oriental, son como el dedo que señala la luna, pero los necios solo miran el dedo. Está claro que hay que leer entre líneas y hay que desvelar el conocimiento oculto. Para los cabalistas existen cuatro niveles de interpretación, el literal, el alegórico, el filosófico y el místico. Y las enseñanzas deberían articularse siempre a diferentes niveles para que cada uno pueda seguir su nivel de comprensión. Sin embargo, los seguidores de una enseñanza a menudo confunden el mensaje con el mensajero y las enseñanzas con las doctrinas. Buscamos a un maestro que haga de papá o de mamá y que lo sepa todo, que nos dé las enseñanzas masticadas para que no tengamos que pensar más. Pero la maestría consiste en todo lo contrario: sugerir para que nosotros activemos nuestra propia indagación y desmitificar para que desechemos un aprendizaje obsoleto. Así pues, las lecciones magistrales y el despliegue erudito no sirven de nada si no los podemos integrar en el presente en el que nos movemos. La habilidad del sabio cuando enseña es poder captar el momento real del discípulo y, desde la propia experiencia, desvelar el siguiente paso que pueda ser oportuno para un aprendizaje, aunque sea duro. La varita mágica de la enseñanza consiste en esquivar las inseguridades del aprendiz y susurrarle de forma amorosa que «puede, que el poder está en sus manos», que aunque se caiga una y otra vez tiene la capacidad de levantarse de nuevo.

Ahora bien, hay muchos vendedores de sueños en las esquinas, pero no tantos maestros. Nos fascinan los discursos esotéricos y los rituales sofisticados; nos merecen respeto las túnicas naranjas o granates, las barbas blancas y el olor a incienso; nos entusiasman las técnicas exóticas, lo oculto y los títulos espirituales. Quizá no es culpa nuestra, hemos vivido toda la vida en un gran mercado y fácilmente compramos la espiritualidad que se vende. De todo se aprende, no hay duda y los maestrillos de tres al cuarto seguramente hacen su función de despertarnos por las buenas... o por las malas.

El sello de los maestros es su disponibilidad, porque lo importante no es él o ella, ni tampoco nosotros, lo verdaderamente importante es el proceso de aprendizaje, es la evolución de nuestra conciencia. Para ello se requiere confianza, confianza mutua, y transparencia. Solo se enseña lo que uno es y únicamente tiene efecto la intención. Las técnicas y las filosofías meramente hacen de ropaje.

Consciencia

En uno de sus poemas, Walt Whitman decía: «Estoy con mi visión, soy un vagabundo en un viaje perpetuo». «Ser nadie, yendo a ninguna parte», diría el budismo zen. Seguramente esta visión desnuda de la realidad está mucho más cerca de los poetas y de los místicos. Y, tal vez, tengan razón, lo importante nunca fue la meta que sirvió como un estimulante ardid, lo esencial fue el viaje.

En este viaje es el peregrino (que viene de *per-agrare*) el que atraviesa el campo, es el buscador el que afronta lo desconocido, el iniciado el que tiene que enfrentar sus miedos. Los caminos serpentean y están ahí no para llevarnos a ningún lugar en particular, sino para que nos demos cuenta en toda encrucijada, cuál es el criterio con el que elegimos. Elegir desde el corazón era la enseñanza. Cada vez que ponemos un cachito de humanidad en nuestras acciones, cada vez que nos ponemos en el piel del otro en una situación extraña y cada vez que resolvemos una circunstancia desfavorable con una actitud empática, nos estamos acercando al corazón.

El corazón está en el centro de lo que somos y es el asiento del alma. No en vano al señalarnos apuntamos directamente al centro del pecho. Pero este corazón no es en realidad el corazón de los afectos, el que se conmueve con una mirada o se desvela con una ausencia. Hablamos del corazón del corazón que es pura esencialidad. Dicen en Oriente que pensamos con el corazón, aunque yo diría con más propiedad que intuimos desde el mismo corazón en plena coordinación con nuestra mente. Y, habría que añadir, tenemos tres cerebros que se armonizan en el vivir a través de la acción, del querer y del pensar.

Somos viajeros, y es el camino el que nos saca de nuestra falsa seguridad para colocarnos en medio de la nada, en el centro de lo diferente y en la ilógica de la vida. Es el corazón el que tiene que resolver las arritmias de nuestra personalidad y el desfallecimiento de nuestras motivaciones. Ser sabio es abrirse al amor, aunque duela y nos desgarre.

El camino nos enseña a sostenernos sobre nuestros pies

y a tirar de nuestras carencias. Nos enseña que detrás de la angustia existencial somos sostenidos por algo más grande. Y este descubrimiento es el que está en la base de la iluminación. El viaje acaba cuando de veras nos rendimos, la única realidad está en este momento que ocurre y este momento, y los sucesivos, no hay que buscarlos, pues son el aire que respiramos y la luz que nos baña. El camino acaba cuando podemos estar presentes al darnos cuenta de que este instante ya lo tiene todo, incluye la parte y el todo, el vacío y la plenitud, Uno Mismo y la Totalidad. La búsqueda no finaliza en un sentido absoluto, puesto que mientras estemos vivos hay indagación y profundización, pero sí que podemos decir que la ilusión ha caído.

Ahora solo toca danzar con la vida. Nada que perseguir y nada de lo que huir. Sin perfecciones que realizar y sin nada que demostrar. Solo queda respirar con las estaciones, dejarse impregnar por el colorido del cielo y la tierra, «cortar leña y acarrear agua», como sugieren los maestros zen. Matsuo Basho, allá por el siglo XVII decía acerca de su poesía que sin experimentar frío y hambre, la verdadera poesía era imposible. Y sentenció que no había escrito ningún verso en su vida que no fuera su poema de despedida. Esta conciencia, a la vez cruda y dramática, de la propia muerte es lo que decanta una profunda serenidad que nos hace vivir con una gran lucidez.

Meditando...

Meditando sin sentarse a meditar es el supremo arte. El cojín de meditación era el alambique de nuestra sala de experimentos. Una vez que hemos aprendido a hacer magia, ya no necesitamos hacer demasiados ensayos, cada momento de la vida es una oportunidad para estar presentes. Una vez que el ego ha dejado de hacer ruido, la vida se abre de par en par mostrando su infinitud.

Todo está conectado. Cuando friego platos, friego platos; nada me parece una labor denigrante. Sé que el agua del grifo viene de la montaña y se dirige hacia el mar, apenas se entretiene unos instantes en mi fregadero. Cuando paseo por el bosque, no hay precipitación porque no voy a ningún lugar, pues ya estoy dentro del mismo bosque, y el bosque dentro de la vida que vivimos. Cuando muerdo una manzana, toda ella se convierte en un universo de sensaciones. Saboreo la fruta, pero también visualizo el manzano, la tierra que lo sostenía y la lluvia que lo mojaba.

Todo se despliega. Las partículas en el átomo, los átomos en la molécula, las moléculas en la célula, las células en el órgano y los órganos en el individuo. Sí, tenemos un universo dentro insospechado del cual apenas somos conscientes. Y, de golpe, esa vida secreta, aunque no la podamos percibir con nuestros sentidos, se hace evidente. Se mueven universos en cada pisada, y a cada paso nos movemos en totalidades más grandes que abarcan este nicho ecológico y este planeta, este sistema solar y esta galaxia, este universo y otros tantos si los hubiera. Somos una nota en medio de un teclado infinito.

Todo evoluciona. La vida se despliega en un equilibrio frágil, los seres vivos compiten, pero sobre todo colaboran y se refuerzan mutuamente. Hasta la muerte se transforma en una capa fértil para la nueva vida. No me olvido, mis cenizas formarán parte de esa tierra fecunda.

Todo tiene inteligencia. Muchos de nuestros inventos más sofisticados tienen que ver con una imitación adaptada de las capacidades que tienen los animales y las plantas. Toda vida es inteligente y me sigue asombrando el vuelo de un pájaro, la tenacidad de una hormiga o la frondosidad de un árbol.

De golpe, la vida deja de ser plana, adquiere una profundidad insondable. No estoy rodeado de cosas, sino de inteligencias. No cosifico el mundo, aprendo de él porque todo tiene voz y todo tiene alma.

12. Una ética liberadora

En realidad no es difícil abrirse, con un poco de práctica, a estados de calma profunda en meditación, pero estos estados duran a veces lo que dura un helado a pleno sol. Con la práctica meditativa vamos reconociendo, paso a paso, nuestro estado interno y ganando terreno a la transformación personal. No podemos dar un salto adelante si no sabemos dónde están nuestros pies, necesitamos siempre partir de nuestra realidad del momento presente.

Pero enseguida nos damos cuenta de que esos estados de súbita iluminación desaparecen con premura. Basta convivir unos días con nuestros seres queridos para que se desaten esos nervios que habíamos aplacado dulcemente con los ojos cerrados y en silencio. Sin embargo, algo importante ha ido cambiando con respecto a etapas previas, ahora sabemos que los demonios no están en el jardín de los demás, sino en el desván propio. La vida social tiene tantos recovecos que volvemos a engranar circunstancias y condicionamientos con suma facilidad.

Hemos de creer que la meditación no ha sido en vano, pero tampoco hace milagros de la noche a la mañana, habría que añadir. La estrategia ha consistido en retirarnos del mundo puntualmente, día tras día, para ganar calma desde la que poder indagar con más precisión y conseguir la claridad necesaria para entender mejor nuestra vida, ese decurso que serpentea año tras año y que termina por fijar nuestra realidad. Y la mejor postura ha sido afianzar una práctica meditativa, estable y continua, como un contrapunto para no ser arrastrado como hoja al viento por las situaciones que vivimos. Practicar es horadar la roca dura de nuestras creencias para que caigan las capas de nuestras identificaciones hasta quedarnos con lo esencial del Ser.

Las excusas para no meditar, una vez que uno ha asomado la cabeza en esta disciplina, van desde la falta de tiempo a no tener espacio, y de la pereza a la duda. Y seguramente nos proponemos primero ordenar nuestra vida para encajar, a menudo con calzador, unos minutos de estar con uno mismo en silencio y a solas. Siempre habrá algo que desbarate nuestras buenas intenciones: el frío, el calor, el ruido, la falta de soledad, las urgencias de nuestras acciones, o lo que sea. Parece que queremos empezar la casa por el tejado, cuando en realidad la práctica de la meditación es mucho más sencilla. El inicio en la meditación es como poner los cimientos de cualquier construcción. A fuerza de sentarse, y de poner piedra tras piedra en la experiencia meditativa, se genera una fuerza interior que termina por ordenar nuestra vida, dejando caer lo prescindible, soltando lo anecdótico y descubriendo el valor de la simplicidad. Así se construye el edificio meditativo.

La clave de la meditación no radica meramente en conseguir calma y claridad, ni siquiera estados de trance. Esto puede ser importante, pero solamente como un medio que nos lleva a una transformación interior. El objetivo esencial de la meditación es convertirla en una ofrenda sincera para entregarla al mundo. En silencio y desde la humildad, la meditación genera en nosotros un halo que lo envuelve todo y repercute, como una onda, en todos aquellos que nos rodean. Cabe añadir que todo está interconectado, como muestran innumerables experimentos cuánticos. Es la misma comprensión que tenían los místicos de todas las épocas al intuir que se alcanza la realidad en toda su profundidad desde la cueva, el monasterio o incluso desde el mercado.

Cuando trascendemos la mente analítica, nos damos cuenta de que somos pura vibración, ondas que atraviesan paredes y sentimientos compasivos que masajean corazones. Si la meditación nos ayuda, aunque sea un poco, a estar de mejor humor, más alegres, más satisfechos, más despiertos y más disponibles, nuestros allegados se beneficiarán en primer lugar. La meditación es un gran regalo para el mundo, y de rebote, para uno mismo.

Por otro lado, sería insensato rehuir la vida social mientras recorremos un camino espiritual. Somos seres sociales y nuestro entorno nos ampara en momentos difíciles, facilita servicios imprescindibles y teje canales para la comunicación. Amortigua los sinsabores de la vida, pero también nos mete en una maraña compleja que nos distrae de lo fundamental. Ya que estamos en la arena de la vida social, la mejor estrategia es la del torero. Viendo al toro de los imponderables venir, hay que tener la habilidad para esquivar su furia sin perder energía en una confrontación directa. Las grandes tradiciones han elaborado listados de cualidades sabias para sortear las confrontaciones, los engaños y las tentaciones que se dan con demasiada frecuencia en la vida social.

Ética

Ahora bien, el mundo es mucho mundo y, día sí y día también, nos las tenemos que ver con su contundencia. La capa civilizadora en el ser humano es la última en llegar y el barniz con el que se ha imprimido el comportamiento social es bastante delgado. Por debajo de esta capa de sentido común anidan animales prehistóricos de los que se zampan tu comida sin pedir permiso y que te acogotan antes de que puedas decir ¡hola! La barbarie está a la vuelta de la esquina, y prueba de ello son las miles de páginas de la historia, reciente y antigua, que describen las numerosas dictaduras y genocidios, masacres y saqueos. Pero como tampoco es viable permanecer en la barbarie indefinidamente, las culturas han inventado códigos de conducta para vivir en comunidad. Códigos de respeto que se intentaban aplicar incluso a los prisioneros en las guerras modernas.

Cada cultura tiene su moral, aunque nadie sabe cómo ha llegado hasta nosotros un comportamiento que está basado en la separación de lo que está bien y lo que está mal, lo que está permitido y lo que está prohibido, lo que se puede mostrar y lo que debe ser ocultado. Con toda probabilidad, la sedimentación de siglos, a través del tanteo y de lo que realmente funciona, se ha instalado tempranamente en nuestra personalidad. Desconocemos los códigos morales al igual que hablamos fluidamente sin conocer la sintaxis de nuestra lengua materna. Y este desconocimiento puede dejarnos sin soluciones ante los envites de nuestra realidad inmediata. El problema radica en que el continente moral que pisamos se mueve muy lentamente en tiempos de grandes y rápidos cambios civilizadores. Y lo que fue conveniente hace siglos o décadas se muestra obsoleto hoy en día.

La meditación tiende a cambiar nuestra visión de la realidad, pero... ¿qué hacemos cuando dejamos el cojín para meternos en el tráfico de lo mundano? Es como si hubiéramos cambiado el sistema operativo, pero los programas antiguos siguen todavía sin actualizar. La fricción no tarda en sentirse. El mundo es el mismo, pero nosotros ya no estamos tan seguros de nuestra identidad. Habíamos accedido al espacio meditativo para deshacer el nudo del sufrimiento y ahora se impone la hora de la verdad: ¿podremos revocar los automatismos inconscientes, mantener la ecuanimidad delante de las injusticias, comprender las razones de nuestros enemigos?

Las morales, cocidas a fuego lento por una sociedad patriarcal, sexista, racista y clasista, dejan su impronta en los comportamientos entre semejantes. Funcionar moralmente empujados por el premio y el castigo, por el sentimiento de culpa o de vergüenza social es de muy corto alcance. Podemos decir que hay culturas que se dirigen, en estos tiempos, al abismo del fracaso. Muestra de ello son los numerosos actos vandálicos en nuestras calles, la corrupción endémica en las instituciones, la gran economía en negro, los delitos de género, en definitiva, la aceptación de una doble moral. Los tensores morales de la sociedad o bien están flojos, o hace tiempo que se rompieron. Todo lo que se impone desde fuera, tarde o temprano, resbala por los desagües del anonimato en el que se esconde nuestro carácter.

Si la moral va de fuera hacia dentro, la ética invierte su dinámica y prefiere que algo se entienda dentro para después volcarse hacia afuera. La moral defiende su pequeña parcela provinciana mientras que la ética intenta alzar el vuelo hacia una mayor globalidad. La moral construye muros para cohesionar lo propio mientras que la ética, sin desmerecer lo conocido, alarga sus brazos para abarcar lo ajeno. La moral rechaza la crítica y ningunea la verdad, disculpa la mentira, sermonea hipócritamente el pecado y compra disidencias porque teme la fragmentación de la sociedad, y se justifica diciendo que «las cosas siempre se han hecho así y no hay nada más que hablar». En cambio, la ética aboga por el cuestionamiento, por la fuerza de la razón, por la claridad de la inteligencia. Y no se trata tanto de prescindir de lo dado, sino de revisarlo a la luz de los nuevos tiempos. Seguro que en los recovecos de nuestras morales encontramos tesoros insospechados que hay que mantener.

En el fondo de la ética hay una reverencia delante de la magnitud de la existencia, y una creencia sincera en el ser humano porque más allá de sus incoherencias, que son muchas, cada nacimiento es el símbolo de nuevas posibilidades de vida nunca vistas. El ser humano es un proyecto en marcha y la meditación es una forma de volverlo consciente. ¿Quiénes somos nosotros para dejar a alguien, por muy diferente que sea y por muy remoto que viva, fuera de la dignidad humana? La ética requiere una gran madurez porque, en el fondo, se da cuenta de que las diferencias ante otras lógicas de vida, y otras religiones, etnias y culturas son meramente fronteras del miedo. Tenemos miedo a que lo diferente cuestione nuestro estilo de vida, miedo a ser contaminados y dejar de ser puros, miedo a ser expoliados de eso que creemos ser. Por eso necesitamos desmitificar las morales caducas para ganar mayor libertad de acción. Son tiempos difíciles, críticos y hasta angustiantes, necesitamos por ello una ética fuerte, reparadora y liberadora. Debemos situarnos en la casilla de juego de las soluciones y no de un *statu quo* que mantiene, sino agrava, los problemas estructurales. Necesitamos una ética que equilibre derechos y obligaciones y que sitúe al individuo delante de sus actos y sus consecuencias.

Causalidad

Si queremos que la ética que suscribimos tenga una vocación universalista, en estos tiempos de globalización, necesitamos apoyarnos en una comprensión que, no por evidente, deja de tener un gran calado. Me refiero a la ley de causa y efecto. Tanto lo que hago como lo que dejo de hacer forma parte de mis decisiones, sin duda alguna. Los actos, por muy minúsculos que sean, dejan un reguero de consecuencias. Consecuencias que se convierten en nuevos actos con nuevas consecuencias, y así *ad infinitum*.

Las gotas de lluvia, por poner una imagen, que se precipitan sobre la superficie del lago producen ondas que chocan con otras múltiples en una aparente cacofonía que, si uno sabe escuchar bien, recrean un efecto hipnótico, bello y a la vez armonioso. Como gotas, las acciones interactúan entre sí y muestran que todo está profundamente intrincado. Nuestras acciones están en medio de miles de acciones que se solapan y se contrarrestan o se refuerzan entre sí. Lo difícil es, para nosotros, sacar agua clara de todo ello.

Como es evidente, cuando nuestras acciones son erráticas, compulsivas o desesperadas el fruto amargo no tarda en aparecer. Forzamos la acción para que dé unos resultados esperados sin tener en cuenta la naturaleza misma de la acción y del medio en la que se expresa. Hacemos un regalo, por poner un ejemplo, con nuestra mejor intención y cosechamos una desilusión al otro lado. Incluso para dar o recibir necesitamos una fina indagación del momento adecuado o del significado que tienen los actos en el entorno sociocultural en el que nos movemos. La realidad es más compleja de lo que parece.

Tampoco es una solución abstenerse de la acción, por otro lado imposible de llevar a cabo, porque somos llevados por un flujo de actividades que se obstinan en llamar a nuestra puerta. Y, además, comprometerse con el mundo a través de nuestras acciones nos hace sentirnos parte de un todo mayor. Ya que es imposible dejar de hacer porque hasta quedarse quieto es un acto, y nada fácil por cierto, lo conveniente es situarse un paso por delante de la acción, colocarnos en la misma raíz de nuestras acciones; esto es, entrever la manivela que mueve nuestras intenciones.

Si nuestra intención no fuera empujada por nuestro deseo o egoísmo, es probable que las carambolas de nuestras acciones resultantes en el tapiz de la realidad fueran más adecuadas o, cuando menos, neutras, eliminando la estela de sufrimiento que nos encadena en un bucle sin fin. El problema de la acción no es tanto la acción en sí misma, sino el apego a los resultados que obtenemos o que infructuosamente esperamos. Parece que no hay solución a dicho entuerto. Si los resultados son los deseados, hacemos como la rata de laboratorio que no hace más que apretar obstinadamente la palanca que le da placer, pero si nuestras acciones son estériles, nos frustramos, nos malhumoramos y nos criticamos duramente.

La persona sabia intenta resolver la adivinanza vital de la siguiente manera: ¿Y si la acción no la hiciera un yo expectante por los resultados? ¿Y si nuestras tareas no fueran empujadas por el deseo o retenidas por el miedo? ¿Y si nuestras obras no buscaran la aprobación o la seguridad del grupo en el que nos hallamos insertos? Las consecuencias serían diferentes porque la acción no sería una reacción.

Si la acción surgiera de forma natural como respuesta a algo que reclama la vida en total sintonía con ella, entonces, podríamos suponer, la acción estaría libre de consecuencias negativas. Así estaríamos delante de una acción que no nos volvería a atar a su rueda que nos aplasta, sino que nos abriría la puerta de la libertad. De ahí que se hable mucho en la tradición oriental de cumplir con el *dharma*, el deber propio orientado hacia un bien común y no tanto hacia un beneficio personal.

Si tuviéramos que definir este Karma Yoga diríamos, como dice la *Bhagavad Gita*, que es la habilidad en la acción. Algo así como hacer carambola a tres bandas, donde la acción armoniza un yo con un tú y con un ello que los contiene a ambos. Nada fácil, por supuesto. El arte más sublime de la acción es aprovechar la acción para desorientar la visión plana del ego y para sacarlo de su ignorancia, de su codicia y de su importancia personal. La acción desinteresada diluye los aferramientos de la estructura egoica, basta con convertirse en un canal.

Bondad

En todo caso, la ley del karma tiene mucho que decir en la esfera ética. Y no se trata de ser ético por ideología, sino por pura comprensión. Cada vez que nosotros agredimos a alguien, lo insultamos, lo difamamos o lo marginamos, estamos rompiendo con una sensibilidad natural. No en vano se ha demostrado en niños pequeños antes de la primera socialización actitudes altruistas innatas e incluso hay infinidad de registros entre especies diferentes de comportamientos compasivos delante del sufrimiento.

La agresión hacia fuera deja inevitablemente una impronta violenta en nuestra psique. Una psique que se traducirá, a pesar de las apariencias, en mala conciencia y en una negación de una bondad connatural. El maltratador queda ligado, lo quiera o no, con su víctima y se somete a un juicio que no es de este mundo, sino de su propia conciencia. Rechazar al otro porque es diferente, porque nos molesta su presencia o porque se atraviesa en nuestro camino no hace más que mostrar un miedo profundo a ser y a expresar esas otras voces que seguramente están amordazadas en nuestro interior.

La bondad, y no la bondad de catecismo, suma y no resta. Nos hace comprender que la vida, toda ella, hay que apoyarla desde la incondicionalidad. Somos bondadosos porque creemos en la dignidad humana. La barbarie se contagia con facilidad y, ante ese reguero de pólvora, la bondad se convierte en un baluarte de resistencia. Hay mucho en juego. Cuando te das cuenta de que la vida está imbuida de espíritu, dejas de seguir el carril de una vida profana que arrasa con todo para acoger la sacralidad que muestra hasta la más pequeña brizna de hierba. Todo tiene derecho a vivir.

Honestidad

Hay muchas formas de violencia, pero una de ellas, y bastante insidiosa, es la mentira. Falseamos la realidad para que se adapte a nuestro deseo. Magnificamos, exageramos, empequeñecemos, fingimos, aparentamos, inventamos..., pues somos artistas del camuflaje. Pero lo más triste es que, en casos extremos, podemos llegar a engañar, falsear y estafar. Queremos dar una imagen que no corresponde o bien burlarnos de la ingenuidad y de la confianza de los demás para sacar provecho, conseguir más poder o aumentar la vanidad.

La mentira puede dar ventajas a corto plazo, pero, a la larga, necesita de nuevas argucias y extraordinarias ocurrencias para que las viejas mentiras resulten creíbles. Tarde o temprano, la impostura se descubre generando un vacío a nuestro alrededor que nos deja desamparados. No hay nada peor que dejar de ser confiable a los ojos de los demás. La reparación, evidentemente, no puede ser fácil.

A un nivel más profundo, lo que ocurre es una fractura entre el pensamiento, el sentimiento y la acción. En algún lugar de ese recorrido interno, uno no se siente sólido y entero para sostener su propia verdad. Y cree que con postizos y baratijas, esto es, con palabras que engatusan o ademanes sibilinos, puede salir de un atasco interno. Pasa algo parecido con el robo, que no deja de ser otra forma de violencia. Usurpar o sustraer a los demás, o a la comunidad, su tiempo, su intimidad o sus posesiones es traicionar la confianza en la que debe estar basada toda relación humana. Lamentablemente, no queremos pagar el precio que cuesta vivir, y queremos, en medio de nuestra miseria, tomar un atajo para beneficiarnos de algo que no nos corresponde o vender una imagen glorificada que está gangrenada por dentro.

La sinceridad y la honradez, en estos tiempos que corren, van a contracorriente, pero tienen un enorme valor. La honestidad bien enfocada genera una confianza tal que todas las puertas se pueden abrir de par en par, porque detrás de lo que decimos hay una acción responsable. Y, para el que sabe ver, esto no tiene precio.

Las palabras tienen muchas aristas y para nada son neutras. Decir lo justo y necesario en el momento adecuado para que nuestras palabras generen claridad y no confusión solo lo pueden hacer personas que en el sufrimiento de los malentendidos han tenido que destilar una sutil contención a la habladuría interna. Por eso se impone la disciplina del silencio para calmar la lengua loca que disfruta con los chismorreos, las invenciones y las sospechas. No sabemos quedarnos en silencio porque el ego está hecho de ilusiones de lo-que-fui y lo que-podría-llegar-a-ser, mientras que en el ojo del silencio solo tiene voz la Totalidad que nos atraviesa. Sin el trapecio de las palabras, el ego cae en un vacío angustiante.

Con media lengua nos quejamos todo el tiempo de las ofensas que nos hieren, y con la otra media criticamos todo lo que nos parece mal. No es extraño, nuestro carácter tiene un comportamiento bífido y actúa habitualmente como un escudo que esconde una espada. Pero sin silencio no hay vida interior, porque en el barullo de nuestros circunloquios nos volvemos tan sordos a la existencia como las cigarras en un día veraniego. El arte de decir lo justo requiere *sine qua non* la capacidad de escuchar sin juicio. Gran parte de nuestras batallas se dan en un diálogo para besugos con tal de tener la razón. Lo poco que sabemos está constantemente en entredicho y, tarde o temprano, hay otra verdad que lo desautoriza o bien lo integra en su estante más bajo.

Nos deberíamos preguntar sinceramente cuánta importancia le damos a la opinión que los demás tienen de nosotros. Qué paradoja la de mirarnos en los ojos de otros que, en su mayoría, no conocemos. Luchar por tener fama, ser populares, conocidos o importantes nos coloca como objetos y nos desvía del sujeto que somos. Cosificamos una imagen que lanzamos con efecto bumerán para que nos devuelva la credibilidad e importancia que nuestra autoestima considera insuficiente. Y, al cosificarnos, perdemos poder personal, nos alineamos con una máscara rutilante para perder espontaneidad, ganamos visibilidad, pero descuidamos la propia intimidad. En definitiva, nos confundimos con un personaje para perder profundidad y dejar de ser indefinible.

La vía de la meditación no es solo el camino de la serenidad, sobre todo es el sendero del silencio, porque lo que el griterío del mundo desgaja, después, pacientemente, como si fuera un delicado bordado, el silencio debe terminar de recomponerlo. Y es precisamente ese silencio interno el que permite la escucha de la gran sinfonía que se despliega delante y dentro de nosotros.

Simplicidad

En la meditación nos damos cuenta de que con poco basta, una vez que se van desmontando los castillos de ilusiones y apagando las hogueras de vanidades. Vamos aceptando lo que somos sin máscaras ni artificios, y nos liberamos de las opiniones ajenas al ver que pocos son los que atraviesan las apariencias y nos reconocen en lo que somos.

Y esa esencialidad que descubrimos en la meditación se plasma, poco a poco, en la vida que vivimos. Caemos en la cuenta de que la vida sencilla es un gran tesoro. Pero estamos rodeados de tantas cosas, y una mayoría de ellas con una vida propia que hay que programar para que se enciendan y se apaguen a la hora deseada, que en su conjunto hacen mucho ruido y producen no menos agobio. Sería interesante preguntarnos si somos poseedores de nuestros enseres o si son ellos los que nos poseen a nosotros. Cosas de las que nos rodeamos que despiertan un apego, sutil o burdo, y que nos llevan a un sufrimiento cuando se desgastan, se rompen o se pierden.

¿Las cosas que tenemos son un reflejo de lo que necesitamos o, más bien, responden a un estilo de vida que creemos que hay que sostener? A menudo mantenemos trabajos estresantes por un buen sueldo que después hay que gastar en objetos de deseo para impresionar a gente que nos rodea que ni siquiera conocemos ni nos importa. En una cultura donde el que más tiene es al que más importancia se le da, no es de extrañar que aparezcan comportamientos desordenados como el deseo obsesivo de acumular. Las cosas en sí son neutras, son medios que nos facilitan la vida. Pero cuando los bienes se convierten en una falsa idea de seguridad, podemos estar rodeados de riquezas, pero manteniendo un interior de completa miseria. Ni siquiera sabemos disfrutar de lo que tenemos. La pobreza del alma se atrapa entre el deseo de tener y el miedo a perder, cerrando el círculo del sufrimiento. Entre la codicia y la avaricia solo hay espacio para la angustia. Y no es que la riqueza sea disfuncional en sí misma, pero puede convertirse en un lastre que nos impide ser libres al tener que atenderla en exceso para hacerla crecer o impedir que mengüe.

La vida sencilla requiere de una disciplina férrea porque implica elegir, y toda elección nos obliga a algún tipo de renuncia. Pero no podemos elegir bien si previamente no nos hemos parado a escuchar qué deseamos, qué necesitamos o qué recursos tenemos para sostener esa elección.

Afortunadamente, la mayoría no hemos vivido en carne propia ninguna guerra o crisis económica severa, pero muchos, a través de nuestros padres o abuelos que las vivieron, hemos sentido la angustia del miedo o el fantasma del hambre. Es necesario darse cuenta de que la prosperidad que blande nuestra sociedad a bombo y platillo en los centros comerciales, que se han vuelto templos de una nueva religión, no durará para siempre o estará circunscrita a etapas de crecimiento y de decrecimiento muy rápidos. Prueba de ello son los tiempos inciertos que corren en la actualidad. Pero esa prosperidad artificial que esquilma recursos humanos y materias primas en lugares remotos a través de grandes rutas comerciales puede cambiar como tantas veces lo ha hecho en el tiempo la ruleta de la historia. Llevar, por tanto, una vida sencilla es una de las actitudes más realistas y solidarias que podamos tener. Un consumo responsable es urgente que incorpore toda la información en origen y destino, puesto que el voto que realmente puede cambiar la realidad que vivimos es el tique de la compra que hacemos con nuestro dinero.

Lamentablemente, al que lleva una vida sencilla se le mira mal y se convierte en sospechoso, porteador de un virus cuestionador. Se convierte en un pequeño traidor que no engrasa la maquinaria –que no puede parar– de la producción y el consumo so pena de colapso total, que suena más a exagerado que a realista. Sin embargo, ir hacia una vida esencial no consiste en tirar todo por la ventana y dejar en el escritorio solo papel y lápiz, sacapuntas y goma de borrar. La simplicidad no es austeridad al filo del vacío, sino la conciencia de que no sobre ni falte nada. Basta con que no haya lugar para el despilfarro o la incoherencia de vida. Consiste en pararse en cada detalle sin perder de vista la globalidad. Y esto llanamente se llama belleza. La belleza de vivir en armonía con lo que soy, con lo que quiero y con lo que tengo. Se trata de vivir una vida real y no dentro de una revista de moda. Esto va de cultivar el contentamiento, evidentemente sin caer en la resignación.

Apenas necesitamos luz y espacio, y, así, las pocas cosas que nos rodean son iluminadas dentro de ese espacio para cargarse de presencia. Una presencia que se la damos nosotros en forma de vínculo desde la necesidad y desde el gozo. Cuando las cosas que poseemos se amontonan en la esquina de lo inútil, cuando pierden su eficacia y su sentido de utilidad, terminan por estorbarnos y, entonces, o bien las ponemos al fondo del armario, o bien las tiramos, regalamos o malvendemos, dejando un reguero de energía desperdiciada. Pero las cosas no salen de fábrica con una etiqueta de fea o bonita, las mismas cosas insertas en nuestro orden se vuelven bellas. La belleza no es ajena al cultivo del espíritu. Es nuestra mirada la que recrea nuevas posibilidades de vida a través de la creatividad. Bello no es algo perfecto, sino un equilibrio dinámico entre el caos y el orden, entre el movimiento y la quietud, entre el silencio y la algarabía.

En algún momento, la meditación nos muestra que ese poder que le hemos dado a la realidad material no es, valga la redundancia, real. Las cosas no nos hacen felices, en todo caso pueden dar forma a un sentimiento de satisfacción, pero depende, en últimas, de la aceptación profunda de la realidad y de la comprensión de nuestra verdadera naturaleza.

Compasión

No hay muchas posibilidades de escapismo en la meditación. El sufrimiento, si lo hay, y pondría mi mano en el fuego a que sí, emergerá en la misma línea de flotación de nuestra conciencia porque nada desaparece de este mundo. La energía no se destruye, solo se transforma. Cuando observamos nuestro sufrimiento sin juicio, cuando somos capaces de respirarlo y hasta de abrazarlo, nos damos cuenta de que tan solo era energía congelada, ilusiones frustradas, errores desafortunados, deseos insatisfechos, comunicaciones enrevesadas o desencuentros fortuitos, pero nada insalvable.

El padecimiento no estaba en la misma situación que vivíamos, sino en su interpretación, en el punto de vista equivocado, en la expectativa o el temor con el que afrontábamos la vida. ¿Y qué? Podríamos responder delante de la pena. ¿Acaso no sacamos una enseñanza de todo ello? ¿No nos ayudó a ser el que somos ahora? ¿No nos situó en la encrucijada para decir voluntariamente si seguir alimentándonos de la infelicidad o coger el toro de la propia responsabilidad por los cuernos? De nada sirve compadecerse de uno mismo y arrastrarse por las calles con la letanía de la queja. El sufrimiento tiene secretamente una misión: despertarnos. Podemos seguir durmiendo o bien desempolvar el coraje para convertir la pesadumbre en sabiduría.

El mensaje más revolucionario que nos han dado las tradiciones es que hay una salida al sufrimiento. Solo esta idea cultivada con fe y perseverancia puede hacer milagros. No merecemos seguir el camino de Sísifo, que fue castigado al inframundo a empujar una gran roca montaña arriba, la cual volvía a caer pendiente abajo, para que Sísifo, de nuevo, la empujara hasta la cima, y así eternamente. No es la vida una vana lucha desesperada. Solamente somos esclavos de nuestras creencias. Viktor E. Frankl nos recordaba que «la vida nunca se vuelve insoportable por las circunstancias, sino solo por la falta de significado y de propósito».

Pero si profundizamos aún más en la naturaleza del sufrimiento, no queda del todo claro quién es el que sufre. De entrada diríamos que un yo, personal y subjetivo, pero ¿estamos seguros de ello? El ser humano no está aislado, forma nidos con otros y anillos con grupos que, a su vez, abarcan sociedades y civilizaciones. Por supuesto que nos duele una ofensa personal, pero también los conflictos no resueltos de nuestros padres y abuelos. Nos hace sufrir la injusticia que vemos en las calles y la miseria de poblaciones desfavorecidas al otro lado del orbe. Osaría decir que el sufrimiento es uno y que cada quien lo hace resonar, consciente o inconscientemente, en su fibra más sensible. Nos afecta a cada uno, pero, sin duda, es de todos, como el aire que respiramos, cada cual con su bocanada de aire, pero dejándolo ir inevitablemente de boca en boca.

Cuando personalizamos rígidamente el sufrimiento que padecemos, nos desconectamos de un todo mayor. En cambio, cuando lo soltamos, sentimos que resistimos mucho mejor entre todos. Es evidente que cuando acaecen grandes calamidades nos unimos todos un poco más. No obstante, sufrimos doblemente cuando nos creemos más importantes y especiales y consideramos que nadie sufre nuestro desespero. O bien tomamos el atajo de la arrogancia y nos anestesiamos con todo tipo de sustancias, actividades o relaciones creyendo que el sufrimiento acontece en la periferia de lo que sentimos. Y, sin embargo, el sufrimiento solo se desactiva desde el interior mismo del desconsuelo, con mucha aceptación y una gran dosis de anhelo por el cambio.

Lo natural delante de nuestros congéneres es la empatía, pues, aunque nos parezca extraño, hay tantos registros comunes que nos entrelazan que la actitud de indiferencia, insensibilidad o rechazo delante del sufrimiento ajeno nos coloca en una posición de extrema cobardía. No querer ver el pesar del otro para no ver el propio es de una gran estrechez. En cambio, apoyándonos en la empatía podemos conquistar la sabiduría de la compasión que no es pena o lástima, sino valentía de poner un poco de corazón en el pozo oscuro de las desgracias. No se trata, por supuesto, de llevarse la carga pesada del otro a casa, sino de poner una mirada comprensiva, quizá de desentrañar ese cuerpo extraño que nos hace sufrir con una mirada nueva, con una actitud que pueda darle la vuelta a los desequilibrios. Porque hay algo en el sufrimiento que es pura desorientación, ignorancia y sinsentido.

Y viene a cuento hablar de compasión en el camino de la meditación porque las exquisitas visiones que aparecen y reaparecen en nuestra contemplación silenciosa se ponen a prueba delante del sufrimiento del mundo, cara a cara con los demás.

Ecuanimidad

Uno de los estados más sublimes que cultiva la meditación, además de la compasión, es la ecuanimidad. Podríamos entenderla como una especie de templanza interna que integra en su seno toda polaridad como cuando somos firmes, pero sin dejar de ser flexibles o cuando amamos con la severidad suficiente para poner límites. Es lo mismo que le pedimos a un calzado, resistencia para proteger nuestros pies y flexibilidad para caminar cómodamente, o a una postura de Yoga, estabilidad y simultáneamente abandono.

Sin embargo, la ecuanimidad no es indiferencia o frialdad,

muy al contrario, mantiene una relación equidistante entre ambas partes sin apegarse o rechazar ninguna de ellas. Ahí radica la dificultad de integrarla en nuestra forma de ser. En los momentos de armonía, la ecuanimidad suele dormir sin ninguna alteración. Lo difícil es mantener la ecuanimidad en medio de los conflictos. Reactivamente, tomamos partido por una de las partes sin detenernos a meditar cuál es la raíz de la desavenencia. Delante del maltratador, del estafador o del mentiroso enseguida nos posicionamos en el bando justiciero sin darnos tiempo a crear una visión más global y profunda de la situación. Puede que el mentiroso esté protegiendo algo íntimo, el estafador compensando un fraude previo o el maltratador reaccionando ante una humillación. No lo sabemos. Y para nada estamos justificando ningún tipo de violencia o actitudes antisociales que evidentemente hay que denunciar. Pero una cosa son las leyes y las normas sociales que hay que respetar, y otra muy diferente el juicio interno con el que crucificamos de forma prematura al que se le pone la marca de un estigma colocándonos en una situación de virtuosidad altanera. Jesús nos advirtió: «Aquel de vosotros que esté libre de pecado que arroje la primera piedra».

Lo que la ecuanimidad viene a desarmar es la balanza partidista con la que pesamos el mundo. Solemos ser, la mayoría de las veces, exigentes por fuera y complacientes por dentro. Nos perdonamos, nos engañamos o nos justificamos con mucha alegría a la par que apretamos el candado de la reivindicación, la demanda o la imposición hacia el mundo con suma facilidad.

Pero, visto con una cierta distancia, el mundo parece un teatro donde unos personajes escenifican unos roles que se ocupan de asuntos muy importantes y, sin embargo, en realidad, el mundo es una escuela donde aprender a vivir, a amar y a morir. Este desapego delante de los altibajos de una realidad ilusoria o la imparcialidad ante los asuntos humanos tan escabrosos es un prerrequisito para alcanzar la serenidad interior.

Dignidad

Si tuviéramos que reequilibrar la aguja de la brújula de este esbozo de ética universalista, diríamos que ante todo tiene que apuntar a la dignidad porque sin ella el ser humano claudica como proyecto vital e inteligente. De ahí que la espiritualidad, tal como la entendemos, no solo consista en una elevación de un sentir que intenta tocar el cielo de los dioses, ni únicamente en una forma de mística y arrobamiento, de silencio y contemplación. No, la espiritualidad es ante todo descenso e inmanencia, comprensión y solidaridad, perdón y alegría. Y no puede olvidar bajo ningún concepto su objetivo fundamental, que es la reparación, la liberación y la ejemplificación de esta dignidad humana.

El mal existe en el mundo dual y relativo, como es evidente. Pero, más allá, lo que llamamos maldad es un revulsivo para darnos cuenta de que no todo es igual, de que no todo vale ni todo puede ser contaminado. Y solo podemos pasar sigilosamente al lado de ella sin ser tentados cuando somos aupados por la dignidad humana. Porque la dignidad no se puede comprar o vender en un mercado. Si regateamos por ella, pierde su valor. La espiritualidad, gracias a la dignidad, nos hace ver que tenemos un lugar en este orden de la existencia y que la libertad no es lo que el ego se imagina, sino la libertad de ser el y la que somos, puro reflejo de la Totalidad que nos sostiene.

13. El sendero de la meditación

La meditación es un estado especial de simbiosis con el objeto o tema sobre el que depositamos nuestra atención que nos permite conocerlo íntimamente. Para entender la necesidad del cultivo de la atención, el cuerpo nos da un ejemplo de ello. La funcionalidad de un músculo reside en su capacidad contráctil y elástica, de lo contrario no podría mover las articulaciones restringiendo la autonomía del cuerpo para realizar diversas funciones. Con el tiempo, y una vida sedentaria, comprobamos en nuestras carnes cómo la musculatura se acorta y pierde tono dejando una secuela de dolor y malestar que la mayoría conocemos. A otro nivel, hay quien dice que la mente es otro tipo de músculo que si no se ejercita lo suficiente pierde el tono adecuado para mantener la atención. Y, en verdad, encontramos dos tendencias de la mente que nos llevan a un estado alterado en la percepción de la realidad: la agitación y la confusión, dos disfunciones que se suelen alternar si no hacemos algo al respecto.

Tendencias

La meditación consiste precisamente en esto: cambiar estas tendencias para introducir cada vez más calma y claridad en nuestro sistema, como hemos visto sobradamente en estas páginas. Nuestra vida no puede orientarse hacia el propósito que hemos elegido si no hay una dirección que se mantiene firme, a pesar de las distracciones, obstáculos o espejismos con los que nos encontramos en el camino. La técnica meditativa cultiva la atención para que nuestra vida adquiera un sentido profundo y podamos sostener una creatividad que realce nuevas posibilidades de vida. Necesitamos una gran capacidad de atención para construir una casa, diseñar un vehículo o escribir un libro. Perseverar en una acción elegida hasta culminarla para ver los resultados y aprender de ellos es necesario para reajustar una nueva actividad.

No estaríamos aquí como especie si no hubiera en la genialidad o locura del ser humano un espíritu de superación. La mente tiene un aspecto primario, caótico y salvaje que es necesario domesticar. Y no se trata tanto de control o represión, sino de orientación y sublimación. Queremos subirnos al caballo mental para que nos lleve adonde realmente queremos y no nos arrastre por los vericuetos de una mente desperdigada. La mente y el cuerpo tienen que alinearse con los designios de nuestra voluntad.

Concentración

Una vez que hemos conseguido cambiar la tendencia, a veces obsesiva, de la dispersión de la mente, nos encontramos con una mente atenta que se puede dirigir sin resistencias hacia cualquier objeto o concepto que queramos conocer.

Ahora bien, una cosa es la capacidad de dirigir nuestra mente hacia aquel objeto o situación con el que estamos bregando en este momento, y otra, la capacidad de aprehender ese objeto con mayor precisión y conocimiento. Patañjali, al inicio del *Vibhuti Padah*, define la concentración (*dharana*) como «la capacidad de atar la mente a un lugar», de tal manera que la mente que se dirige hacia el objeto en cuestión restringe otras informaciones sensoriales que no vienen al caso. Se crea un área de atención intensa alrededor del objeto que empieza a desvelar la naturaleza del mismo.

Podemos estar concentrados en la lectura de un libro, en la búsqueda de una pieza del puzzle o en arreglar un motor, y esa concentración, la mayoría de las veces, nos da una satisfacción cuando obtenemos el conocimiento desplegado en el libro, completamos el dibujo del puzzle o, por fin, el motor termina de arrancar. Nadie duda de las ventajas de la concentración.

Meditación

No obstante, no deberíamos confundir concentración con meditación (*dhyana*). En la concentración todavía hay un esfuerzo mental y unos presupuestos de indagación, mientras que en la meditación dejamos toda tensión mental y nos abrimos a la contemplación del objeto o tema de par en par, a corazón abierto casi podríamos decir. Sin duda, la concentración ha sido necesaria para acercarnos al objeto y para ponernos en contacto con él.

Desenvolver el envoltorio pacientemente, por poner un ejemplo, abrir las solapas de la caja de cartón, sacar la botella de cristal y terminar de desenroscar la tapa forma parte de la concentración, pero aspirar el perfume en su interior y dejarse llevar por los aromas frutales hacia un estado de especial embriaguez nos acerca a la experiencia meditativa.

Hay en la meditación un proceso de atención consciente que atraviesa la concentración para recalar en un estado de especial sintonía con ese objeto que es soporte de contemplación con el que queremos comunicarnos. Aunque los objetos o temas de meditación suelen ser muy variados, suelen transitar de externos a internos, de simples a complejos, de groseros a sutiles, de mundanos a sagrados, aunque, y es necesario recordarlo, solemos elegir nuestra interioridad como objeto principal.

En la meditación te vuelves un poco cielo, río, flor o piedra y vibras junto a ellos. Digamos que al meditar los conoces desde dentro porque te armonizas con su naturaleza. Sonríes con facilidad cuando alguien te sonríe, te duele el dolor ajeno si permaneces sensible y tu rostro se ablanda cuando ves a un bebé haciendo pucheros. No interviene la mente en un sentido de indagación progresiva que pertenecería más a la concentración, es una capacidad de penetrar en el corazón de las cosas y los seres. A veces le llamamos estar en intuición profunda, como una especie de conocimiento que se transmite de piel a piel, o de alma a alma, sin necesidad de discurrir por nuestro aparato cognitivo.

Ese conocimiento extraordinario que obtenemos cuando nos hallamos en un estado de meditación nos acerca a la sabiduría, pues esta no es un acúmulo más de información, sino una comprensión profunda de lo que nos habita y de cómo esta vida está conectada con patrones más y más esenciales en el universo. Pasa algo parecido con la música. Para sacarle el sonido adecuado al instrumento se requiere mucha práctica y mucho dominio, en definitiva, mucha concentración. Pero para saborear la música y dejar que nos transporte a estados especiales del alma solo es necesario sintonizar con la melodía y dialogar en lo más profundo entre la nota y la alegría, la nostalgia o la esperanza que también son notas de nuestro Ser.

No cabe duda de que la orientación de la meditación está en dejarnos ser incondicionalmente en la realidad que se da aquí y ahora desde el asombro, la celebración y el gozo de vivir. Pero esto que debería ser tan fácil como el agua que fluye hacia la profundidad por propia naturaleza, se topa con obstáculos de diversa índole. Y uno de ellos es nuestro complejo mental que, siendo, de entrada, un medio adecuado de expresión del Ser, se desmadra de su cauce natural y crea distorsiones de la realidad, fantasías y hasta alucinaciones. Y lo mismo que el músico tiene que afinar su instrumento, parte del proceso meditativo consiste en conocer en profundidad nuestra mente para poderla afinar conforme a la función que le corresponde: la de interpretar la realidad y la de llevar el rumbo de los acontecimientos que le son sugeridos.

Absorción

Más allá de la meditación, todavía podemos dar un nuevo salto mortal en la comprensión de la realidad. En la sintonía meditativa que hemos descrito todavía hay una sutil dualidad entre el objeto y el sujeto. Vibrábamos al unísono, pero guardando las distancias o sin perder del todo la cabeza; es decir, sin olvidar el sentido de nuestra individualidad. Pero a veces, y sin pretenderlo porque toda intención aquí estorba, sobreviene un estado de total alineación con el objeto de meditación que nos hace ser uno con él sin ninguna fisura de por medio.

Estamos hablando de la no-dualidad. El sujeto desaparece momentáneamente y solo brilla el objeto en todo su esplendor. En realidad, tampoco es tan extraño, pues en la vida cotidiana, aunque no le demos el valor que tiene, hay momentos breves, brevísimos, donde la experiencia nos invade y nos deja en el olvido de nosotros mismos. Tal vez ese momento intrigante de la película que estamos viendo, esa sorpresa que no esperábamos, esa frase que al leerla produce un *insight* de comprensión, todo ello sin mediar el yo que fugazmente ha desaparecido. Seguramente no nos acordamos de la primera vez que vimos el cielo azul brillante, nítido, majestuoso e infinito sin la muleta de la memoria, sin la conciencia de un yo que está mirando el cielo. No había pensamiento ni sujeto, solo azul fuera y azul dentro, un infinito entrelazado con otro, una luz externa reflejando la incipiente luz de la conciencia.

Estrictamente hablando, esto no es una experiencia por la

sencilla razón de que no hay alguien que la esté experimentando (una paradoja más), es más bien una sincronía que nos atraviesa, una reintegración del alma individual en el alma cósmica. A esta (no) experiencia, los *Yogasutras* lo llaman absorción (*samadhi*). Nunca mejor dicho, porque somos absorbidos por la misma realidad como el azucarillo que se disuelve en la taza de té. Esta absorción, una vez que desaparece, deja un rastro de libertad que se traduce, a lo largo de una práctica continua en el tiempo, en un menor miedo a la muerte, en un aflojamiento de las ataduras sutiles de la egoicidad y en una comprensión mayor de la eternidad e infinitud.

Así y todo, no vayamos a mistificar este estado como se ha hecho tanto en la *New Age*, creyendo que nos lleva directamente a la iluminación. Craso error, porque *samadhi*, cuando sobreviene de forma frecuente, produce una limpieza profunda de nuestros engramas (*samskara*), de esas impresiones condicionadas que están grabadas en nuestra psique profunda. Y, en este sentido, es deseable como la ducha caliente que limpia nuestro cuerpo y que nos deja una grata sensación de bienestar, pero para bañarse en las aguas de la sabiduría, se necesita algo más, como hemos insinuado en páginas anteriores.

Conocimiento

El objetivo de la meditación no es alcanzar lo extraordinario de la no-dualidad, sino, más bien, colocarse en una posición óptima para conocer la realidad que nos rodea por fuera y que nos sostiene por dentro. La meditación tiene más que ver con lo que está aquí que con lo que está más allá y se centra más en lo humano que en lo divino. Hasta Patañjali nos advierte de los peligros de las experiencias extraordinarias y de los poderes (*siddhis*) maravillosos. Bastante trabajo tenemos con amortiguar nuestra angustia existencial y acoger sin miedo el sufrimiento que nos atenaza, más acá y más allá de nuestra piel, como para escaparnos a lo paradisíaco.

En *samadhi* no podemos observar los fenómenos porque nos hemos convertido en el fenómeno mismo y, por tanto, no podemos aprender de ellos, cosa que necesitamos para abrirnos al conocimiento. Y no se trata de rechazar los estados de trance, pues son el fruto de un proceso de progresiva concentración y forman parte del árbol frondoso de la meditación. Si sobrevienen debido a un gran abandono de sí mismo y de una confianza inquebrantable, bienvenidos, por supuesto, pero no los buscamos porque con bastante frecuencia complican el camino del autodescubrimiento con luces que nos deslumbran demasiado. Y como todo lo que sube baja, tarde o temprano, los estados de éxtasis se disipan y el choque con la dura realidad puede ahondar en la misma insatisfacción de la que, curiosamente, queríamos salir. La sobriedad siempre es un camino seguro.

Hay que recordar que al ego que siempre husmea donde no le llaman le fascinan los estados superiores de elevación de la conciencia, y más si son retos difíciles para el común de los mortales. A la sabiduría no le interesan los fuegos artificiales, sino el silencio de una transformación que se cuece por dentro implosionando los cimientos de una visión caduca y limitada para entender la realidad. La fantasía infantil de venderlo todo y retirarse al bosque para dar de comer a los pajaritos no se sostiene ni en sueños. Hoy en día la sabiduría nos impele a remangarnos y lavar la colada sucia del mundo. El fruto más maduro no es precisamente la consecución del éxtasis, sino la compasión. *Samadhi* es el camino de la calma absoluta, pero *dhyana* es el sendero de la comprensión. Y está claro que necesitamos una cierta calma para poder indagar, pero sobre todo necesitamos una mente ecuánime y sagaz, atenta y no reactiva, serena y amorosa, para resolver las incógnitas de la existencia.

No se trata de quedarnos ensimismados revoloteando en la luz como hace la polilla, sino de movernos también en las oscuridades de lo que nos habita, entre los acantilados de la insatisfacción, las pendientes de la impermanencia o los desiertos de la insustancialidad como bien certifica el budismo al hablar de las tres marcas de la existencia. Meditar es aceptar la luz, la oscuridad y la penumbra de nuestros estados interiores, la acogida de lo real que acontece y también la respuesta ideal que pueda sobrevenir, la experiencia de estar vivos y la certeza de que tarde o temprano moriremos. O en un lenguaje más reconocible, la alegría cuando éramos pequeños de construir un castillo de arena en la playa y darnos cuenta, de pronto, medio consternados, de que la siguiente gran ola tirará abajo las colmenas donde hemos batallado con uñas y dientes por liberar la persona amada encerrada en el torreón más alto de la fortaleza. Y vuelta a empezar, con la misma ilusión.

14. Las siete etapas meditativas

A lo largo de este libro hemos visto que el sendero de la meditación tiene muchas curvas y en cada giro podemos encontrarnos con otros tantos recovecos ya que necesariamente la meditación refleja la misma complejidad que llevamos a cuestas, aunque, y ahí reside su valor, nos invita a dejar el fardo pesado de nuestros condicionamientos y a vivir la vida desde una mayor simplicidad. Cada capítulo que hemos descrito aborda un tema importante en la experiencia meditativa, desde nuestra perspectiva, claro está, intentando no establecer ninguna verdad absoluta ni tampoco un itinerario rígido a seguir. Me conformo con encender un faro que, en medio de la oscuridad, avise de los arrecifes para no encallar.

Sin embargo, como la premisa del libro es una invitación a meditar en estos tiempos de crisis personal y colectiva, se hace necesario saber por dónde empezar a hincarle el diente al bocado de la meditación. Por dónde empezar y cómo seguir una vez que uno está delante de su cojín de meditación. A riesgo de repetir lo que ya se ha dicho, me propongo hacer un resumen, eminentemente práctico, pero sin abandonar el sentido de lo que hacemos, para abordar la meditación con una cierta seguridad y con las etapas bien claras.

Como una especie de escalera, las diferentes etapas se apoyan mutuamente y van desde lo más concreto, la postura, a lo más sutil, la apertura a lo inconmensurable. En este sentido, hay un orden creciente con una lógica a seguir. Etapas que para muchos serán muy ligeras, pero para otros requerirán días, meses o años atravesarlas sin zozobrar. De alguna manera, las etapas conforman un test interno que nos alerta de por dónde irrumpirá el oponente que llevamos dentro. Las resistencias a la quietud, el silencio, la presencia son notables en todos nosotros, pero pueden aparecer a un nivel corporal, emocional o mental, pues cada uno tiene un mapa interior muy peculiar y todos tenemos nuestra piedra maldita en la que tropezamos, hasta que aprendemos a vadearla. Veamos, pues, la lógica a seguir en las diferentes etapas. Tomen asiento.

Práctica

Cada vez que nos sentamos a meditar conformamos una cuenta de un collar imaginario que se pierde en el tiempo. Una cuenta aislada o un grupo de ellas sueltas no tendría sentido, seríamos, si se me permite la expresión, turistas en el país exótico de la meditación, pero no lugareños que conocen bien el terreno porque lo habitan y lo cultivan a diario. Las tendencias de agitación de nuestra mente solo se pueden contrarrestar con nuevos hábitos que reescriben los surcos que nuestra desidia, duda o ansiedad han erosionado desde muy antiguo nuestro carácter. Meditar es una práctica y también un compromiso, y teniendo en cuenta que la mente es muy lábil para engranar excusas, una detrás de otra, con la característica de que nos las creemos, pues aún más hemos de reafirmar nuestra práctica para no ser zarandeados por las vicisitudes de la vida que llevamos.

La práctica meditativa, si queremos que tenga éxito, ha de ser continua, sin interrupciones, con la suficiente intensidad para vencer nuestras resistencias, con una gran dosis de entusiasmo, pero también con la prudencia y el respeto que corresponde cuando utilizamos técnicas que pueden movilizarnos profundamente. En los momentos de desfallecimiento, hay que echar mano de la fe para abrirnos a un misterio que todavía no comprendemos y, cuando dudamos del atajo que hemos de tomar, debemos considerar la posibilidad de supervisar nuestra práctica con guías en los que tengamos confianza.

La práctica nos ordena internamente y nos da fuerza para abordar el día que tenemos por delante o ternura para recogernos de los altibajos de la jornada vivida, nos ayuda también a recordar lo esencial de la vida y a ofrecer los frutos conseguidos de calma y claridad a los seres que nos rodean en la comprensión de que todos vivimos en el mismo tapiz cósmico, más íntimamente conectados de lo que nuestra razón quisiera reconocer.

Espacio

Meditamos siempre en un espacio, sea en una habitación de casa, en el *office* del trabajo, en el centro de meditación o en un banco en el parque. Cualquier sitio puede ser adecuado, aunque algunas condiciones del lugar puedan favorecer en mayor grado la interiorización. Un espacio limpio, ordenado, silencioso, ventilado y en penumbra, en el que además no nos puedan interrumpir, cumpliría de sobras, con estas condiciones. Pero un lugar demasiado impersonal, neutro o aséptico no nos acogería del todo, mas otro abigarrado de cuadros, figuritas y recuerdos de todas las épocas, tampoco. Una forma de personalizar nuestro espacio de meditación es con la plasmación de un pequeño altar sobrio que tenga algunos elementos que nos inspiren hacia una elevación de nuestro sentir y que señalen la importancia de que este espacio (interno) al que nos dirigimos tenga una dimensión sagrada para acoger al Ser que somos.

Preparativos

No rodamos de la cama para quedar *ipso facto* en meditación, necesitamos un tránsito, un acercamiento adecuado, una preparación. La primera y más evidente es la higiene que no debería ser meramente un lavado de superficies corporales, sino un ritual donde cuerpo y mente se despiertan, se sincronizan y se liberan de toxinas o tensiones. Todos conocemos la grata sensación de limpieza que nos coloca en una actitud de frescura y disponibilidad.

Preparar la postura meditativa, ya nos sentemos en un cojín, taburete o silla, con ejercicios de estiramientos de la columna y flexibilidad de la cintura pélvica nos ayuda a conseguir una estabilidad y confortabilidad en el interior de la meditación. Si nuestras articulaciones están rígidas y la musculatura acortada, difícilmente conseguiremos el equilibrio postural y más pronto que tarde empezará a crujir el cuerpo y a gruñir la mente.

Intención

Una vez sentados, la mayoría de las tradiciones meditativas hacen un saludo de respeto con las manos o la cabeza que marca el inicio de la práctica, tal vez en coordinación con algún sonido de un cuenco o de crótalos. No es necesario realizar ningún saludo, pero ayuda a hacer el tránsito de la actividad a la quietud, de lo cotidiano a lo sensible, de la palabra al silencio. En ese gesto que a menudo está cargado de simbolismo propio de la tradición que sigamos, podemos añadir nuestra intención, que no tiene que ver con expectativas o deseos, sino con una actitud de firmeza interior anclada en el anhelo de búsqueda interior que cada uno puede formular a su manera. Seguramente, esta intención nos coloca en un estado de mayor presencia, el gran tesoro de la meditación.

Primera etapa

Una vez sentados, necesitamos hacer algún pequeño reajuste para conseguir el objetivo de estar en una posición estable que pueda sostener nuestra experiencia interior. Perder unos minutos para darle firmeza a la postura nos recompensa a la larga. Estos micromovimientos son muy sutiles: los isquiones están en el centro del cojín de tal manera que las rodillas llegan al suelo y se establece un triángulo de sustentación bien amplio que nos lleva a una sensación de enraizamiento y relajación notables. Se trata, pues, de ceder a la fuerza de la gravedad sin resistirnos. El segundo movimiento consiste en una leve anteversión de la pelvis acentuando la lordosis lumbar para abrir la zona costal y liberar, de esta manera, el diafragma en pos de una respiración más profunda y sutil. Casi como una onda que surge desde el sacro, la columna adquiere una verticalidad flexible que nos invita a estar atentos. Los hombros relajados liberan las cervicales permitiendo la relajación de todo el rostro con la sonrisa interior que nos invita a estar sin añadir más esfuerzo al hecho de vivir. La mirada puede estar cerrada para favorecer la interiorización o entreabierta para mantenerse un poco más atentos. Hay quien hace con las manos un gesto simbólico (*mudra*) que nos recuerda algo esencial durante todo el proceso de meditación.

Una vez que hemos atendido cada una de las partes del cuerpo, nos mantenemos en la inmovilidad. Mantenerse en quietud es una de las maneras más directas de darnos cuenta de nuestra agitación. Cuando nos paramos en seco, notamos la velocidad vital a la que íbamos. Es necesario, por tanto, salir de la espiral vertiginosa de nuestra acción en el mundo y contactar con un ritmo más sereno y más natural. Dejar que la vida pase como el que queda extasiado ante el fluir del arroyo. No hay nada que hacer en este momento, solo nos queda germinar en este ahora atemporal, sin más.

Segunda etapa

La postura es como el caparazón de la tortuga que le hace de soporte y que la contiene, pero en el interior está la parte tierna, la que recibe todas las vibraciones de la vida. Construimos un edificio para después habitarlo, y por eso es necesario bajar al cuerpo y recorrer minuciosamente cada zona y cada pliegue para sentirlo. Hay una vida secreta que tiene el cuerpo y la manera de descubrirla es estar atentos a las sensaciones que se producen. La manera más eficaz es recorrer sensiblemente el cuerpo de arriba hacia abajo, por delante y por detrás, hasta descubrir que el cuerpo habla, que tiene su lenguaje, sus razones, su memoria.

En esa memoria corporal hay zonas mudas, que no dan señales de vida y que están bloqueadas y desvitalizadas que hay que recuperar lo más amorosamente que podamos. Otras están más sensibles y más conectadas al placer, pero las que más nos atosigan son las zonas más castigadas que se expresan a través del malestar y del dolor. Ese dolor que hace insufrible y eterno el tiempo que pasa en meditación no es enteramente del cuerpo. El cuerpo casi siempre es inocente y no sabe mentir, somatiza lo que no es asumido en nuestros conflictos con el mundo y absorbe como una esponja todo lo que las emociones no atinan a engrasar. Por eso es tan importante gestionar bien el dolor que se ceba en alguna parte del cuerpo, y para ello bastaría con desapegarnos, con rendirnos a la sensación intensa y respirar sin miedo ese dolor, con relajarnos desde el interior y observar cómo ese dolor deja de ser sólido y fijo y se convierte en mutable y volátil. Lo que está claro es que no es una aguja clavada; sino pura resistencia a la presencia que nos desnuda.

Tercera etapa

El espacio meditativo hay que hacerlo nuestro, pues de entrada pareciera un lugar extraño, pero en realidad estamos atravesando nuestras entrañas. En medio de ellas, a menudo surge un volcán de emociones que nos queman o nos congelan y no nos queda otra que respirar. La respiración consciente no solo amansa la fiera interna, sino que nos lleva de forma armoniosa al momento presente, basta con sentir el flujo del aire rozando nuestras narices, o bien dejarnos mecer por la respiración diafragmática. Si observamos bien, cada respiración es única y solo la podemos observar en el momento presente a diferencia de los pensamientos que saltan alocadamente del pasado al futuro sin aterrizar en lo que acontece.

Observar la respiración es como ver una radiografía nuestra a todo color, pues refleja la química de la sangre, el hábito postural, el estado anímico o los circunloquios mentales, pero para ello hay que dejar de controlar el ritmo respiratorio y permitir que el cuerpo se adapte a su momento vital con una respiración natural que no conlleve esfuerzo. Es todo un reto observar la respiración y dejarla fluir sin control, una enseñanza más para comprender que no es necesario intervenir siempre.

Cuando la tormenta de la dispersión arrecia en nuestro interior, hay que refugiarse en la respiración. Respirar y respirar, sentir el aire, el movimiento, el ritmo hasta que la tormenta amaine, y si fuera necesario, hasta contar respiraciones para no ser llevado por la furia de la agitación interior. Poco a poco, esta respiración se convierte en un flujo no solo de aire, sino de consciencia, que nos deposita con una mayor calma en la interioridad. Más allá de la respiración hay un mundo insondable, la respiración era el puente entre el cuerpo y la mente. Hay que atreverse a cruzarlo.

Cuarta etapa

Cuando la postura es estable, el cuerpo está sensibilizado y la respiración se ha vuelto rítmica y pausada, es momento de abrir conscientemente ese espacio interior para acoger todo lo que nos habita, en especial las vivencias profundas que se han ido depositando capa tras capa configurando la complejidad de nuestro carácter. Mirar hacia dentro no es difícil, pero darse la vuelta y observar la sombra de lo negado, lo reprimido, lo conflictivo, todo aquello que no queremos ver requiere mucho coraje. Mientras haya una veta afectiva herida de amor y reconocimiento, difícilmente podremos abrir el corazón compasivo de la meditación. Es necesario sanarla y para ello primero hemos de reconocer lo que nos duele y encontrar la raíz del sufrimiento. Puede que no veamos claro y nos hagamos continuamente ilusiones que nos llevan a la frustración; que la importancia personal roce demasiado en las relaciones; que nos apeguemos a las experiencias que prometen fácilmente la felicidad o, lo contrario, que rechacemos de manera irracional lo que creemos que nos amenaza. Incluso que dejemos de vivir por temor a morir, que neguemos el amor por miedo al abandono o que vivamos una vida inventada solo por obtener migajas de reconocimiento. Tantas cosas nos hieren.

No queda otra que llevar la mirada al centro del pecho, si es necesario también las manos, y sentir todo ese sufrimiento para dejarlo ir río abajo a través del perdón, tanto hacia nosotros mismos como hacia los demás. Total, en medio de este universo, nuestro orgullo herido, nuestro honor mancillado o nuestra sensibilidad alterada se vuelven insignificantes a medida que nuestra mirada comprensiva se amplia. Es momento de desdramatizar la vida.

Visualizar imágenes de naturaleza o gestos humanos de generosidad, empatía y amor puede ayudar a reparar nuestro dolor por su poder evocador y sanador, lo mismo que la armonía de la música puede hacernos sentir un poco más cerca un estado de mayor plenitud.

Quinta etapa

Necesariamente, en cada etapa tenemos que partir de la escucha, más que nada para saber dónde estamos y cuál es el siguiente paso que podemos dar. Sentido común, no andamos a ciegas. Y en el mundo mental que tanta preponderancia tiene en nuestra civilización, la escucha captará, con toda probabilidad, el parloteo que no para, la mente del mono tal como la define la tradición. Habitualmente, esta mente agitada, confusa y reactiva se encabrita si la queremos sujetar férreamente con nuestra voluntad. Por eso, la observación desapegada intentando que no nos tiente con sus fantásticas historias puede hacer milagros. Si no le damos alimento, la mente febril se irá calmando, pero, ¡cuidado!, tampoco nos interesa que entre en un estado de sopor o aburrimiento. De ahí que a veces tengamos que sujetar y otras tantas soltar. A veces nos concentramos como una lupa, otras abrimos el foco hasta abarcar la totalidad. Ambas estrategias son adecuadas dependiendo del estado de nuestra mente. Eso sí, buscamos una mente atenta capaz de indagar.

Si la observación no consigue hacer mella en la agitación o pesadez de nuestra mente, podemos utilizar herramientas muy poderosas como la oración o la plegaria, la repetición de un mantra o el canto devocional. A fuerza de repetir una fórmula sagrada, incorporamos al sistema mental continuamente una frase o estrofa que hace de cortocircuito y deja la rumiación sin sostén. Cuando la negrura de la depresión o el abatimiento amenazan por el horizonte, orar o cantar puede recordarnos que también somos luz, que la felicidad es posible y que el camino recorrido nos acerca cada vez más a nuestra verdadera naturaleza. A menudo sugiero repetir mentalmente el mantra *So* al inspirar y *Ham* al espirar, que significa: «Ese Absoluto que lo interpenetra todo está en Mi propio interior».

Sexta etapa

Si hemos conseguido atravesar la capa de nubes mentales, nos daremos cuenta de que aparece un silencio que no es solo ausencia de ruido, sino también de juicios. Dejamos de identificarnos con los laberínticos pensamientos que prometen seguridad para abrirnos a una realidad que refulge con todo su esplendor. Estábamos casi ciegos a lo que teníamos delante solo viendo el haz de proyecciones mentales, pero sin recalar en la vida profunda. Podríamos decir que se abre el ojo interior para captar nítidamente la realidad que no admite réplica. Lo Real es lo que es. Y este ojo es el Testigo, el Vidente, el Sí Mismo, el Yo profundo o la misma Alma que por fin despliega sus alas de libertad.

No hay que hacer nada, solo permanecer en el centro de Uno Mismo atestiguando la realidad que se vierte instante a instante. Si aparecen experiencias extraordinarias y nos dejamos llevar por ellas, el ego goloso disfrazado de espiritual se las zampará en un santiamén, por eso, sin rechazarlas, conviene llevar la atención al interior del entrecejo y quizá visualizar una perla brillante que nos ilumine dejando un rastro de luz serena.

Séptima etapa

La meditación es un camino de desprendimiento y la última consiste en soltarlo todo, hasta la misma médula de nuestra individualidad. La fruta que ha ido creciendo y madurando por fin se desprende para ser Uno con la Totalidad. No somos nada, solo un flujo de consciencia interactuando con la misma vida. Sin fronteras, sin condiciones, sin dobleces, sin noes, únicamente un Sí rotundo a la existencia. El conocimiento que nos faltaba era que solo basta con danzar con la vida de forma creativa. Se trata, pues, de vivir el arrobamiento interior sin miedo a la disolución del ego, en medio del Misterio, abrazando el Vacío existencial, en la Impermanencia de la realidad y aceptando la certeza de la muerte.

En esta etapa no hay soportes, ya no son necesarios. Ni tampoco llegamos a ella de forma voluntaria. Si aparece, es gracias a la Gracia, que no es más que la bondad inherente de la existencia que desciende y que no depende de nuestro querer. El río ha desembocado en el océano y solo queda luz y vibración. El Ser se descubre simultáneamente como Conciencia y Beatitud, y aparece un sentimiento amoroso por todos los seres que existen, porque la comprensión última es que somos Uno con Todo.

Levantarse

Sentarse fue un acto de valentía, un decir basta a lo absurdo, al malestar o al sinsentido en el vivir. Pero levantarse además requiere de una fortaleza interior extraordinaria porque se trata de retomar la vida que hemos dejado momentáneamente en el umbral de la puerta. Retomarla sin anteojeras, sin muletas y sin corazas para expresar la grandeza del Ser siendo más reales, más humildes y más compasivos. La meditación fue una puesta vital a punto, un test de responsabilidad, una alquimia de actitudes, pero también un espacio de calma y un ritual de descubrimiento de lo más íntimo que nos habita, ahora, sin apego, toca levantarse del cojín, coger el aroma desprendido en la meditación y expandirlo a nuestro alrededor.

Que la paz sea con todos, *om shanti*.

editorial Kairós

Puede recibir información sobre
nuestros libros y colecciones inscribiéndose en:

www.editorialkairos.com
www.editorialkairos.com/newsletter.html
www.letraskairos.com

Numancia, 117-121 • 08029 Barcelona • España
tel. +34 934 949 490 • info@editorialkairos.com